Ⓢ新潮新書

今道琢也
IMAMICHI Takuya

人生で大損しない文章術

1051

新潮社

人生で大損しない文章術　目次

第四講　答案の印象を変える技八選　*126*

前講までで押さえた基本を踏まえ、さらに質を高めます。文末表現の工夫や接続詞の使い方など八つの技とは。

はじめに　この世は文章力を問われる場であふれている

文章力がないと人生で大損をする――私は文章の書き方を指導する塾を経営しているのですが、日々このことを痛感しています。そういうと、「私は、そんなことはなかったよ」と言われることがあるのですが、それは気づいていないだけで、実は「この世は文章力を問われる場であふれている」のです。

一番分かりやすいのは、大学入試でしょう。大学入試の場合、最近では一般入試よりも、総合入試、学校推薦型選抜が主流になりつつあります、そうした試験では多くの場合、小論文がありますし、事前に「志望理由書」「課題レポート」などを提出しなければなりません。また、一般入試でも小論文を取り入れている大学は少なくありません。

もちろん、文章力が求められるのは、入学試験だけではありません。大学に入った後は、レポート試験がありますし、卒業に当たっては「卒業論文」を書かなければいけません。

就職活動も文章力が問われる場面です。大抵の会社で、エントリーシートを提出する必要があります。第一段階の選抜では、エントリーシートだけを判断材料にして、一気に足切りが行われます。これは文章を書くのが苦手な人にとっては厳しい現実です。面接に進めば素晴らしいアピールができる人であっても、文章が書けなければ門前払いにされてしまいます。公務員や教員を目指すなら、まず間違いなく、小論文試験が課されます。警察官、消防士を目指す上でも小論文試験は避けて通れません。

社会人になっても文章力を問われる場面は続きます。役所や企業に入ると、多くの場合、毎年の「業務目標」などを書いて、それを翌年に総括しなければいけません。また、主任、係長、課長などの役職につくための試験として、小論文を取り入れているところが少なくありません。官公庁、メーカー、金融、商社、不動産業、サービス業と、あらゆる業界でみられます。会社によっては、受験できる回数が「3回まで」などと、制限されていることがあります。以前、ある人から、「過去に昇進試験の小論文で失敗しており、今年が受験できる最後のチャンスなのでなんとしても受かりたい」と相談を受けたことがあります。社員としてどんなに素晴らしい業績を上げていても、「文章が書けない」という、それだけの理由で出世の道が絶たれることがあるのです。

さらに、転職をしようとすれば、「職務経歴書」などを書く必要がありますし、アルバイトをするにしても、履歴書には「志望理由」や「自由記述」などの欄があります。このほか、奨学金や補助金などを申請する場合は、「申請理由」などを書く欄があります。書き方一つで先方の印象が変わりますから、おろそかにはできません。

ちなみに、私が経験した中で、もっともユニークだった依頼は、「宇宙飛行士候補者」の試験対策です。2021年に、JAXAが国際宇宙ステーションなどで仕事をすることを想定した「宇宙飛行士候補者」を募集しました。この時の試験科目に「小論文」が入っており、私の塾にも何人かが受講の申し込みにこられました。残念ながら私の塾から「宇宙飛行士候補者」は誕生しませんでしたが、こんなところでも文章力が問われるのです。

このように、大学入試から宇宙飛行士候補者の試験まで、「この世は文章力を問われる場であふれている」のです。しかも、その多くは、進学、就職、転職、昇進など、人生を大きく左右する場面です。このような時に、自分の考えを文章で的確に伝える力がないと、夢を諦めることになったり、他の人に大きく後れをとったりするのです。まさに、「文章力がないと人生で大損をする」のです。

私は、高校生のころから、文章の書き方について独自に研究してきました。受験する大学のほとんどに小論文試験が含まれていたからです。そして、就職活動ではNHKを受けることになるのですが、その際も論文試験があり、相当な数の答案練習を重ねました。これらの経験がベースになって、後に、文章指導を専門とする、「ウェブ小論文塾」を創業することになります。

これまで、下は中学生から、上は70代まであらゆる年齢層の方の文章指導を行ってきました。受講者の職業や文章を書く力量は、様々です。何千人もの人を指導する中で、気づいたことがあります。多くの人が文章作成に関して、根本的な勘違いをしているのです。受講者の方から、「文章の型を覚えたら書けるようになるんですよね」「5W1Hを明確にすることがポイントですよね」などと言われるのですが、私の考えでは、そのようなことは本質ではありません。そうしたことが役に立つ場面もありますが、もっと根本的なことが文章作成上の重要な問題としてあります。

以前、何度も教員採用試験に落ちている方が、当塾に指導を依頼してこられたことがあります。この方の答案を見せてもらったのですが、文章を書くときの根本的な考え方が誤っているため、「このままではあと100回受けたとしても、100回とも落ちる」と確信しました。その後、数回にわたる指導の中で、どういう手順で何に気を付けて書くべきなのかを理解してもらいました。結果として、その方は見事合格されました。

こうした指導を重ねていく中で、多くの人が文章作成にまつわる根本的な「勘違い」に陥っており、それを解きほぐしていかないと良い文章は書けるようにならないという結論に至りました。「伝わる文章」を書くためには、正しい「手順」があり、それを身につけることが必要です。「手順」を知っているのと知らないのとでは、書き上がった文章の質が全く違うものになります。その「手順」は、残念ながらまだあまり知られていません。

そこで本書では、文章を書く時の正しい「手順」が、一つ一つ確実に身につくように解説していきます。最後まで読み終えていただければ、きっと「誰が読んでも伝わる文章」が書けるようになっているはずです。

第一講　「書く」ことではなく「読む」ことから始める

文章を書くときに最も注意すべきことは

本書で扱う文章は、小論文やエントリーシート、履歴書、各種申請書などの、「実用文」を対象とします。これらの文章を書くときに最も気をつけなければいけないことは何でしょうか。こう聞くと、「主語を明確にすることだ」「結論をはっきりさせることだ」といった答えが返ってきます。それも必要なことですが、もっと大事なことがあります。まず、次の文例を見てください。

問　業務におけるコミュニケーションの重要性について述べてください。

解答　私は日々の業務において、積極的にコミュニケーションをとるように心がけている。例えば、仕事で発生したトラブルについてはすぐに上司に伝えるとともに、現場のメンバーとも情報を共有している。また、日ごろから職場のスタッフに対して、何かあったらいつでも相談するように伝えているし、相談がなくとも気になるスタッフがいたらこちらから声をかけるようにしている。このように、私は常にコミュニケーションをとりながら、業務を進めていくことを心がけている。

昇進試験で出てきそうな問いかけですが、この文章を読んでどのような印象を持ったでしょうか？「私は」と主語は明確にできていますし、「私は常にコミュニケーションをとりながら、業務を進めていくことを心がけている」と、結論もはっきりしています。日本語表現としても的確で、自然な文章です。しかし、私の目から見ると決定的におかしいところがあります。それは、

「問題文をきちんと読んでいない」

ということです。このことについて掘り下げて考えてみましょう。

問では、何を聞いているのでしょうか。「業務におけるコミュニケーションの重要性について述べてください」とあります。この意味をよく考えてみましょう。「業務におけるコミュニケーション」については、分かります。例えば、仕事をする上で、報告を密にしたり、問題が起きたら相談したりすることです。それが、「業務におけるコミュ

ニケーション」です。では、その後に続く「重要性について述べてください」はどうでしょう。これは何を意味しているのでしょうか。いざ説明せよと言われたら、意外に難しいかもしれません。分かりやすくするために別の文例で考えてみましょう。

問　目標を持って生きることの重要性について述べてください。

この場合はどんな解答になるでしょう。ごく簡単な解答例を考えてみます。

解答　目標を持つと、意欲がわき、活き活きした人生を送ることができる。つまり、目標があることで人生が豊かになるので、目標を持って生きることはとても重要なのだ。

こんな解答になるはずです。つまり、「重要性について述べる」とは、「それがどれほど重要なのかを説明する」ということです。従って、「業務におけるコミュニケーションの重要性について述べてください」とは、「業務においてコミュニケーションをとることがどれほど重要なことなのか、それを説明してください」という意味です。

では、初めの答案はそのような意味のことを書いているでしょうか。初めの答案に書かれていることは、「私はこのように業務でコミュニケーションをとっています」という、「私のコミュニケーションの実践」です。「私はこのようにコミュニケーションをとっています」という点については分かりましたが、「業務においてコミュニケーションをとることがどれほど重要なことなのか」については何も言及がありません。その点が決定的におかしいのです。問題の答えになっていない、言い換えると、問題文をよく読まないままに書いている答案なのです。

大抵の人は、初めに出題を見たときに「はいはい、業務上のコミュニケーションについて書けばいいのね」と、浅い理解のまま文章を書こうとします。その結果、先に見たような方向性のズレた答案になってしまうのです。

では、問題文を正確に理解した上で書くと、どのような答案になるのでしょうか。

問　業務におけるコミュニケーションの重要性について述べてください。

解答　業務を進める上で、コミュニケーションをとることはとても重要である。なぜなら、業務は、職場の上司、同僚、部下、顧客、取引先など様々な人との関係で成り立っており、円滑に業務を進めるためにコミュニケーションは欠かせないからである。例えば、トラブルが発生したときは、すぐに上司に伝えるとともに、現場のメンバーとも情報を共有することで、ダメージを最小限に抑えることができる。また、日ごろから職場のスタッフに対して、何かあったらいつでも相談するように伝えたり、気になるスタッフがいたらこちらから声をかけたりすることで、スタッフが安心して働くことができる。このように、コミュニケーションをとることは、業務上、極めて重要な意味を持っているのである。

少し書き方を変えただけですが、これならば、「業務においてコミュニケーションをとることがどれほど重要なことなのか」が書けています。「重要性について述べる」とは、言い換えれば、「重要性の程度（高いｏｒ低い）」を答えるということです。二つ目の解答は「とても重要」「業務上、極めて重要」というように、「重要性の程度（高いｏｒ低い）」がはっきり書かれています。

また、初めと後の二つの解答では、業務上のコミュニケーションに関して、同じ例が挙げられていますが、書き方が違います。

初めの解答　仕事で発生したトラブルについてはすぐに上司に伝えるとともに、現場のメンバーとも情報を共有している。また、日ごろから職場のスタッフに対して、何かあったらいつでも相談するように伝えているし、相談がなくとも気になるスタッフがいたらこちらから声をかけるようにしている。このように、私は常にコミュニケーションをとりながら、業務を進めていくことを心がけている。

初めの解答は、「私はこういうことをやっています」という、実行例を挙げたに過ぎません。後の答案は、具体例の取り上げ方が違います。

後の解答　トラブルが発生したときは、すぐに上司に伝えるとともに、現場のメンバーとも情報を共有することで、ダメージを最小限に抑えることができる。また、日ごろから職場のスタッフに対して、何かあったらいつでも相談するように伝えたり、気になるスタッフがいたらこちらから声をかけたりすることで、スタッフが安心して働くことができる。このように、コミュニケーションをとることは、業務上、極めて重要な意味を持っているのである。

ここでの具体例は、「コミュニケーションをとることで、トラブルのダメージを最小限に抑えることができるし、スタッフが安心して働くことができる。だからコミュニケーションをとることは、業務上、極めて重要なのだ」というように、「コミュニケーションをとることがどれほど重要なことなのか」を説明するために挙げられています。これならば、答案全体が「業務におけるコミュニケーションの重要性について述べてください」という問いかけの答えになっています。

小論文にしてもエントリーシートにしても、あるいは、履歴書や各種申請書にしても、「……について述べよ」「……を記しなさい」といった指示があります。先方は「このことを聞きたい」という意図を持って問いかけているのです。先方が「聞きたいこと」と、書かれている内容が違っていれば、「そんなことは聞いていないのに」という反応になります。

実際、大手メーカーの人から聞いたことですが、「大学生から送られてくるエントリーシートを読むと、聞かれていることと違うことを書いている人が多い」のだそうです。そうなると当然のことながら印象はよくないですし、本来伝えるべき自分の思いが伝えられません。

中には「問いかけ」からそれていることを書いていても、中身がとても良かったので、先方の目に留まった、というケースもあるにはあるでしょう。ただ、それはまれなことでしょうし、そのために、問からそれたことを書くのはリスクが高い行為です。わざわざそういうことを狙う必要はないでしょう。

特に、大学入試や公務員・教員試験は、公的な試験です。公平性が重視されますから、「聞いていることと書いていることは全然違うけれど、面白いことを書いているから合格させよう」という恣意的な採点はできません。書いていることが出題の趣旨からそれていれば、減点になります。採点基準として、「出題の趣旨を理解できているか」ということが明示されている場合もあります。ですから、出題に沿って書くことが基本です。

このように、文章を書く上では、問題文をよく読み、内容を正確に理解するということがとても重要なのです。

問題文の細部に気を配っているか

他にも、文例を見てみましょう。次は、社員の目標設定シートや昇進試験などで出てきそうな問です。

問　あなたの今後1年間の目標と実践について、考えを述べてください。

解答　私は、今後1年間の目標として、後輩の指導に積極的に取り組み、全員が、自立して仕事ができるように育成したい。私の部署には現在3人の後輩社員がいるが、経験が浅く、業務上のサポートが欠かせない状態である。そこで、目標レベルとして、自分の担当業務を自力で遂行できるようにすることはもちろん、周りの人が忙しいときには、自分から動いて他の人の仕事を手伝えるような社員とする。単に業務スキルを身につけさせるだけでなく、職場全体の動きを見ながら行動できる社員を育てていきたい。

問の「今後1年間」の部分を「今後4年間」にすれば、大学の志望理由書などにも出てきそうです。この答案は、一見良く書けているように思えますが、やはり出題の意図が正確につかめていません。出題はどのような指示をしているでしょうか。注目すべき

は、

・今後1年間の目標と実践について

という指示になっている点です。「目標」と「実践」ですから、この二つを書かなければならないのです。このうち「目標」については、「今後1年間の目標として、後輩の指導に積極的に取り組み、全員が、自立して仕事ができるように育成したい」とはっきり書かれてあります。

一方、「実践」とは、「具体的にこうやります」という行動のことです。それについては答案中に書いていません。「私の部署には現在3人の後輩社員がいるが」以下に書いてあることは、「自立して仕事ができるレベル」の中身を説明したものです。つまり、この答案には、「目標」だけが書かれてあり、「実践」については、何も書いていないということになります。

初めに問題文を読んだときに、「『目標』と『実践』の二つを聞いているな」、と気づかないといけません。その二つがはっきり相手に伝わるように書かなければいけないのです。そのためには、次のような文章にすべきでしょう。

問　あなたの今後1年間の目標と実践について、考えを述べてください。

解答　私は、今後1年間の目標として、後輩の指導に積極的に取り組み、全員が、自立して仕事ができるように育成したい。私の部署には現在3人の後輩社員がいるが、業務上のサポートが欠かせない状態である。そこで、担当業務を自力で遂行し、他の人の仕事も手伝えるレベルに業務能力を高めていきたい。

そのための実践として、私が中心となって業務スキルを高める研修会を開催する。週に一度業務に必要な知識や技術を学ぶ場とし、講師には先輩スタッフやOBにも登場してもらう。また、私が提案して、ベテラン社員と若手がペアになって業務を行う仕組みを作り、ベテランから直接指導を受けられる体制を確立する。組織全体で若手を育成していきたい。

こちらの答案は、傍線部で、目標に向けての自分自身の「実践」がしっかりと書かれています。これならば、「目標」と「実践」について答えたことになります。このように、問題文を注意して読む癖をつけないと、方向性の違う答案になったり、書き漏らしが生じたりと、いつまでたっても、的確な文章を書くことができません。

もう一例見てみましょう。

問　高齢化が進んでいく中で、今後医療機関に求められることとは何か、述べなさい。

解答　今後医療機関に求められることとは、患者さんが快適に受診できる環境を作ることである。例えば、待ち時間を減らすこともその一つである。大病院の場合、待ち時間が長く、患者さんの不満につながっている。そこで、予約制度やＩＴ機器の導入などにより、スムーズに受診できるようにすべきである。また、なによりも患者さんへのいたわり、思いやりの気持ちを持って治療に当たることが大切である。患者さんは、病気やけがに対して、いつ治るのか、有効な治療法はあるのか不安を持っている。患者さんの訴えに丁寧に耳を傾けて治療を進めることが求められている。

この答案も問いかけの意味を十分につかめていません。問では、「高齢化が進んでいく中で」という聞き方をしているわけですから、高齢化に注目した医療機関のあり方を書かなければいけません。「患者さんが快適に受診できる環境を作る」「患者さんへのいたわり、思いやりの気持ちを持って治療に当たる」というのは、高齢化が進むかどうかにかかわらず医療機関に求められることであり、「高齢化が進んでいく中で」という問いかけとかみ合っていません。この答案は、全くの間違いとまでは言いませんが、相対的に高い評価にはなりません。

では、「高齢化が進んでいく中で」という問いかけに注目すると、どのような答案になるのでしょうか。

問　高齢化が進んでいく中で、今後医療機関に求められることとは何か、述べなさい。
解答　高齢化が進む中、今後認知症や老人性うつなどを患う人が多くなると予想される。そのため医療機関は、このような高齢者に多い疾患の受け入れを増やし、社会の要請に応えるべきである。また、高齢になると介護を必要とする人が増えてくる。そこで、地域住民を対象にした介護予防セミナーを開くなど、地域全体の健康増進につながるような取り組みも積極的に進めていくことが求められる。

こちらの解答であれば、
「高齢化が進む中、今後認知症や老人性うつなどを患う人が多くなる」→高齢者に多い

疾患の受け入れを増やし、社会の要請に応えるべき
「高齢になると介護を必要とする人が増えてくる」↓地域住民を対象にした介護予防セミナーを開く

というように、「高齢化」にしっかり着目して書いています。このような答案が、出題の意図を正確に理解して書いた答案です。

問題文を理解できていないことは、致命的なダメージとなる

問題文を理解できていない答案は、当然のことながら評価を大きく下げることになります。出題で聞いていることと書いていることが違うということは、サッカーで言えば、ゴールと全く別の方向にシュートをしたのと同じです。方向が違うのですから、決して得点になることはありません。それくらい重大な失敗であるという認識を持つ必要があります。

また、問題文を理解できていないと、「この人は注意力がない」「本当に仕事ができるのか」という印象を与えることにもなります。なにしろ、
「高齢化が進んでいく中で、今後医療機関に求められることとは何か、述べなさい」

という、たったこれだけの短い文章でも意味が正確に理解できていないのです。これでは、業務に関しての資料、企画書、契約書などを読んできちんと理解できるのかと疑われても不思議ではありません。

私が文章指導の塾を開いたのは今から10年前のことですが、初めて申し込んでこられたのは、大学院を受験するという女性の方でした。その方の答案を拝見すると、問題で聞いていることから大きくそれた答案を書いていました。そのときは「こういう初歩的なところでつまずくケースもあるのだな」という程度の認識でいたのですが、その後、同じように「問題の意味を理解できていない答案」が続出することになります。高校生であろうと大学生であろうと、社会人であろうと、同じです。

私はだんだんと日本人の「読解力」は大丈夫なのかと心配になってきました。そこまで思うようになったのは、学校の先生であっても問題文を理解できていない人が多くいたからです。私の塾では、現役の小、中、高の先生に対しても文章指導を行っています。管理職登用試験や、臨時採用から正規採用になるための試験があるからですが、多くの人が問題の意味を正確に理解しないまま答案を書いています。

担当教科は関係ありません。英語の先生であっても国語の先生であっても、やはり問題の意味を理解できていません。それも、ここに挙げた3例のような、よく考えないと気づかないような読み誤りではなく、「この出題で、一体どうしてこの答えになるの？」という、深刻な読み誤りが見られるのです。

例えば「規律ある学校生活のために、子ども達をどう指導するか」といった出題があったとして、それに対して国語の先生から「校外学習やグループ学習を積極的に行う」といった答案が出てきます。「規律ある学校生活」とは、遅刻をしない、授業中におしゃべりをしない、等のルールをきちんと守らせるという意味です。その意味を理解せず、ただ思いつきで「校外学習やグループ学習を積極的に行う」という答案を書いてしまうのです。国語の先生がこれではさすがにまずいだろうと思うのですが、決して特殊な例ではありません。私は日本人の読解力は相当に危機的な状況にあるのではないかと思っています。

あらゆる問題で読み誤りが生じている

先に挙げた3例は、よく説明しないと分からない、どちらかというとやや「高度な失敗例」といえます。しかし、もっと簡単なレベルでの失敗も数限りなくあります。むしろその方が多いのです。いくつか例を挙げてみましょう。

問　日本の雇用制度の問題点を簡潔に記し、それをどのように改善していくべきか述べてください。

失敗例：日本の雇用制度の問題点を長々書いて、改善案を簡単に済ませている答案。

この問は「日本の雇用制度の問題点を簡潔に記し」とあるわけですから、当然のことながら「日本の雇用制度の問題点」を短めにまとめた上で、「それをどのように改善していくべきか」を詳しく書かなければなりません。しかし、この点を見落として、「日本の雇用制度の問題点」を長々書いて、「どのように改善していくべきか」を簡単に済ませてしまう人がいます。

問　あなたは、職場の活性化にどう取り組んでいこうと考えているか、述べなさい。

失敗例：「今まで私は職場の活性化にこのように取り組んできました」という趣旨のことを書いている答案。

問いかけは、「どう取り組んでいこうと考えているか」ですから、「これから何をするか」を聞いています。つまり、「今後の話」を書くのです。これに対して「今まで私は職場の活性化にこのように取り組んできました」は、「過去の話」です。これでは、全く答えになりません。

問　自己啓発に関してどのように取り組んでいるか述べなさい。
失敗例：「私は、職場で後輩の育成や業務改善に取り組んでいる」という趣旨のことを書いている答案。

自己啓発とは、自己の能力、知識などを高めていくことです。例えば、資格の取得に励んでいる、業務に役立つセミナーを受講している、といった答えが想定されます。「職場で後輩の育成や業務改善に取り組んでいる」というのは、仕事としてやるべきことであり、「自己啓発」からはそれる話です。

問　入社後の夢やビジョンについて述べてください。
失敗例：「私は入社後、先輩方の指導をしっかりと聞き、早く一人前の社員となって貢献したい」といった趣旨のことを書いている答案。

「先輩方の指導をしっかりと聞き、早く一人前の社員となって貢献したい」というのは、社員なら「当たり前の話」です。「夢やビジョン」といえるレベルではありません。「夢やビジョン」というのは、自分が将来こうなりたい、こんな構想を持っているという、自分の前途に大きく広がる将来像を指します。例えば「将来このような商品を開発し、世界中の人たちの暮らしを豊かにしたい」など、もっと大きな将来像を示す必要があります。

挙げればきりがありませんが、このような、問題の意味をよく理解せずに書いている答案は、年齢も性別も職業も関係なく、どの層にもまんべんなく見られます。

問題文の理解こそが文章作成の鍵

私は、これまでに何千人もの文章指導を行ってきましたが、そのうちの半数以上が、「問題文をよく読まずに書いた答案」です。毎日毎日「問題文をよく読まずに書いた答案」が届きます。ある人に、「この答案は問題文をよく読まずに書いていますから、しっかりその意味を考えて答案を書いてください」と指導しても、別の人から届いた答案は、また、「問題文をよく読まずに書いた答案」です。その人に同じような指導をしても、また「問題文をよく読まずに書いた答案」が届く……という具合です。

中には驚くようなことを言う人もいます。答案だけ送ってきて「この答案を採点、添削してほしい」というのです。「問題文がついていませんが、どこにあるのですか？」と聞くと、「どういう問題が出るかは本番にならないと分からないが、この答案を出すつもりなので指導してほしい」と言います。

思わず耳を疑ってしまうのですが、私が「いえいえ、順番が逆で、問題文を読んでそれに沿って答案を書くのですよ。問題文がなければ採点も指導もできませんよ」とお伝えしても、すぐには理解してもらえません。

そこで、私はこうお話しします。「例えば数学の場合、X＝10という答えだけ持ってきて、『これでいいか採点、指導してください』と言われてもできないでしょう？　問題文がなければ何もできないはずです。それと同じで、小論文も問題を見た上で、はじめてどうすれば良いか指導ができるのですよ」と説明して、「ああ、そういうことだったんですか」と、やっと分かってもらえます。こういうことも、決して珍しい話ではないのです。

このような状況が明らかになるにつれ、私は、「問題文の意味を正確に理解する」ということが、文章指導の核であると考えるようになりました。すでに述べたように、それができていない人があまりにも多いからです。そして、問題で聞かれていることからそれた答案は、決定的に評価が下がるからです。他のなによりも、この点を解決しなければ、いい文章を書けるようにはなれません。

世の中にある文章術の本を見ると、多くは「文章の型を覚えたらすぐ書ける」「結論を先に書くことがポイント」といったように、「書くこと」ばかりに注意を向けています。しかし、私は、まずは「読むこと」から始めなければいけないと考えています。問題をよく読んでその趣旨を正確につかまなければ、どんなに文章の型を整えても、結論を先に書いても、「聞かれていることと違う見当外れの答案」であるという状態は変わらないからです。

従って、私が文章の指導を行う際には、「問題文を正確に理解できていないまま書いていたら、いつまでたっても合格できません。問題文の意味を理解することを心がけてください」と指導することから始めます。そうすると、サッと要領をつかんで、すぐにできるようになり、「合格しました」という連絡をくれる人もいます。この点を徹底して指導することによって、先ほど挙げた国語の先生も、高得点で小論文試験に合格されました。

一方で、5回、6回と指導してもなかなか身につかない人もいます。もちろん、「問題を読む」こと以外のさまざまな指導も行うのですが、「問題をよく読む」ことをクリアしなければ、評価を下げている根本原因が解決しません。高評価を得られる文章を書くためには、この点が最大の鍵であることは間違いありませんので、私は徹底してこの点を指導しています。

問題文を正確に理解するためのポイントとは

では、どうすれば問題文の意味を正確に理解することができるのでしょうか。そのための方法は以下の通りです。

1　問題文を分解し、「聞かれていること」を整理する
2　注意すべき点を考え、「聞かれていること」の意味を正確に押さえる

この二点について、例題を元に考えてみましょう。まずは、ごく簡単な例題からです。

問　あなたが高い目標を掲げて物事に取り組んだ事例について述べてください。

大学の志望理由書に出てきそうな問です。また、就職活動のエントリーシート、昇進試験にもありそうです。このような問いかけがあったときにまずやるべきことは、1の作業です。「聞かれていること」がいくつあるか考えます。聞かれていることは「……を挙げよ」「……を指摘しなさい」「……を述べなさい」など、何かをするように指示が出ているところです。右の問では、「高い目標を掲げて物事に取り組んだ事例について述べる」の一つだけです。

1　聞かれていることの整理

・高い目標を掲げて物事に取り組んだ事例について述べる

ここまでで、1ができました。それでは、2に移ります。どこに注意して書けばいいのかをよく考えます。特に、「キーワード」の意味をよく考えます。1の中で「キーワード」に当たるのはどこでしょうか。

これも難しくはないと思います。「高い目標」です。これが出題者の聞きたいことの「核」ですから、ここに正面から答えなければなりません。「高い目標」というからには、ちょっと頑張れば達成できるような目標では駄目で、ハードルが高いことを書かなければいけません。しかしながら、このような出題に対して、さほど高いとは思えない目標を書いてくる人がたくさんいます。それでは、採点する側は「なんだ、こんな目標しかないのか」という反応になってしまいます。例えば、営業の仕事をしているなら、「前年比150％の営業目標を立てて取り組んだ」など、「なるほど、それは高い目標だな」と思ってもらえることを書く必要があります。出題者の問いかけにしっかり答える意識を持ちます。

初めに提示した方法によってこの問を分析してみます。

1　聞かれていることの整理

・高い目標を掲げて物事に取り組んだ事例について述べる

2　注意すべき点

・「高い目標」にふさわしいことを書く

このようになります。この1、2を押さえた上で、答案を書きます。これが、問題文を正確に理解するために必要な一連の作業です。

今回は、ごく簡単な問ですから、「こんなことはやらなくても分かる」と思う人もいるかもしれません。しかし、すでに見てきたように、

「自己啓発に関してどのように取り組んでいるか述べなさい」

「入社後の夢やビジョンについて述べてください」

たったこれだけのことでも、意味を理解できずに書いてしまう人が多いのです。「こんなことくらい言われなくても分かる」と思わずに、自分の中の常識を疑い、一度立ち

止まって考える癖をつけましょう。

複雑な出題は必ず分解する

出題が複雑になるにつれ、一連の作業は一層重要になってきます。次の例題で考えてみましょう。

問　あなたが、過去1年間でイノベーションに挑戦した事例を挙げ、その成果と課題点について述べてください。

まず、1の作業を行います。この問の場合、聞かれていることが複数あります。

1　聞かれていることの整理

・過去1年間でイノベーションに挑戦した事例を挙げる

・その成果と課題点について述べる

このように分解できます。しかし、よく考えると、二つ目の項目の「成果と課題点」は、「成果」と「課題点」の要素に分けられます。両方を書かなければいけません。ここに気づくことが大事です。先に述べた「……を挙げよ」「……を指摘しなさい」「……を述べなさい」といった指示以外にも、「AとBについて述べよ」「AおよびBについて指摘した上で……」のような表現にも注意します。これを踏まえるとこの出題は、

1　聞かれていることの整理
・過去1年間でイノベーションに挑戦した事例を挙げる
・その成果について述べる
・その課題点について述べる

こういう構造になっています。つまり、この問では書くことが三つあるということです。

ここまで分かったら、2の作業を行います。どこに注意すべきなのかというと、「イノベーション」というキーワードです。ここが出題者の聞きたいところであり、ここか

ら話をそらすわけにはいきません。

「コンプライアンス」「デューデリジェンス」「コア・コンピタンス」など、ビジネス界ではいろいろな横文字がありますが、これらは、意味が分かっているようでいて、意外に分かっていないことが多いので、要注意です。

「イノベーション」の訳は、「革新」です。ですから、単に「私はこんなことをやってみました」といった話では物足りません。今までとは発想が全く違うような、「イノベーション」に値する取り組みを書かなければ評価されません。例えば研究開発の仕事をしているのであれば、今まで誰もやったことがなかったような方法でトライしてみた、というような話です。そういう材料を出せるかどうかが評価の分かれ目です。

以上をまとめると、次のようになります。

1　聞かれていることの整理

・過去1年間でイノベーションに挑戦した事例を挙げる

・その成果について述べる

・その課題点について述べる

2　注意すべき点

・「イノベーション」＝「今までに誰もやったことがなかったようなこと」にふさわしい内容を書く

このように、言葉の意味を決して曖昧にしないようにします。初めのうちは紙に書いて整理するといいでしょう。慣れてくれば、一連の作業を頭の中で行えるようになります。エントリーシートや履歴書など、事前に文章を作成する場合は辞書を引くことができます。引っかかる言葉があったら、ためらわずに調べましょう。「この言葉の意味は何か」ということを正確に押さえてから書き始めてください。

三つ目の例題も考えてみましょう。大学入試あるいは教員採用試験にありそうな出題です。教員の昇進試験でもあり得るかもしれません。

問　日本の教育の中で問題と感じる点を他国と比較しながら挙げた上で、それについてどのような取り組みが必要であるか述べなさい。またその取り組みの弱点についても指摘し、それをどう補うのかについても示しなさい。なお、問題点はあなた自身の経験に基づいて考えること。

いよいよ問いかけが複雑になってきました。これくらい複雑になってくると、出題を分解して整理する作業を必ず行わなければいけません。

まず、一つ目の作業ですが、「聞かれていること」を整理するとどうなるでしょうか。「……を挙げ」「……を述べ」などの表現が出ているところに着目します。

1　聞かれていることの整理

・a　日本の教育の中で問題と感じる点を他国と比較しながら挙げる
・a′（条件）問題点はあなた自身の経験に基づいて考える
・b　それについてどのような取り組みが必要であるか述べる
・c　その取り組みの弱点についても指摘する
・d　それをどう補うのかについても示す

この出題では、「聞かれていること」は、前記のa～dに整理されます。そして、aを書くときにはa′の条件がつけられていることに注意します。この構造をつかめるかどうかが大事です。

ここまでつかんだら、解答に当たって注意すべき点を考えます。

a～dのうち、b～dは分かりやすいのですが、aが複雑なので、この意味をよく考えます。「日本の教育の中で問題と感じる点を他国と比較しながら挙げる」は、「日本の教育の中で問題と感じる点」「他国と比較しながら挙げる」の二つの要素に分かれます。直接聞いていることは「日本の教育の中で問題と感じる点」ですが、これを挙げる上で、「他国と比較しながら」の条件がつけられている、という状態です。

さらに、「問題点はあなた自身の経験に基づいて考える」という条件もつけられています。つまり、「日本の教育の中でここが問題だ」ということを書くのが目的ですが、その際に、「日本ではこうだが、外国ではこうだ」と、比較しながら書くこと、さらに、「私自身も学校でこんな経験をした」といった実体験を踏まえること、この二つが必要になります。aについての注意点をとりまとめると次のようになります。

２　注意すべき点

・ａは「日本の教育の中で問題と感じる点」を書くことが目的。その際、「日本ではこうだが、外国ではこうだ」と比較をしつつ、「私自身も学校でこんな経験をした」といったような実体験を踏まえる

こういう整理をした上で、答案を書いていきます。かなり複雑になりましたので、どういう答案になるのか、完成例を見てみましょう。問題文を整理した内容を元に書いた、ごく簡単な答案です。

解答例　（ａ）日本の教育は、試験に対応するための暗記中心の学習になっていることが問題だ。（ａ′＝条件）私自身、中学・高校の歴史の授業ではひたすら年号や人名を覚えただけで、歴史を学ぶ意味などは全く感じられなかった。（ａ＝他国との比較）米国では、「なぜこのような事象が起きたのか」を議論することが授業の中心であると聞いた。歴史の授業に限らず、生徒達が「なぜそうなのか」「本当にそういえるのか」という問を

発し、考えることが大切である。（b）こうした日本の教育の問題を改善するために、学習指導要領の中に、グループディスカッションを積極的に取り入れるように定めることが必要である。また大学入試も暗記力ではなく、考察力を測る方向へと転換すべきである。（c）ただし、今の学校の先生方はそうした授業のやり方になれていないので、混乱することも考えられる。（d）このためディスカッションの授業に対応するための研修を充実させることが求められる。

右の答案は、a～dのすべての要素を盛り込み、条件面もクリアできています。

以上見てきたように、文章を書く前に、出題の問いかけをよく考えることがとても大事です。「書く」前に、まずじっくりと「読み」、理解することが大事なのです。これができていない人があまりにも多いため、最優先でやらなければいけないということを、是非とも知っていただきたいと思います。

ここまで、小論文やエントリーシートなど、「問」のある文章で気をつけるべきことを説明してきました。最後に「問がない」文章の場合を考えてみましょう。例えば履歴書の自由記述欄を書いたり、ビジネスメールを書いたりする場面です。こういう場合は、「これについて書くように」という指示がありませんので、自分自身で何を書くのかを設定し、そこから話がそれないように気をつけます。

例えば、「履歴書の自由記述欄に『自己ＰＲ』を書こう」と考えたとします。この場合は「自己ＰＲについて書いてください」という出題の指示があるのだと理解しましょう。あとの作業１、２の流れは同じです。

１　「聞かれていること」を整理する
・自己ＰＲについて書く
２　注意すべき点を考え、「聞かれていること」の意味を正確に押さえる
・キーワードは「自己ＰＲ」。自分をしっかり売り込むような話にしなければいけない。
中途半端に謙遜しない

このように整理することができます。

ビジネスメールにしても、「このメールで伝えるべきことは何か」をまず明確に設定

した上で（例えば、「時間を割いて会ってもらったことのお礼を伝える」「今後の仕事のスケジュールを伝える」など）、その主題を意識して書くようにします。

第二講　具体性が文章の納得感・評価を決める

文章を読んだ人の頭にイメージが浮かぶか

「聞かれていることを理解する」ことに加え、もう一つ文章の印象を大きく左右する要素があります。それは「中身を具体的に書けているか」です。文章は、文字情報だけで自分の考え、体験などを伝えるものです。読んだ人の頭の中にサッとイメージがわくように、できるだけ具体的に書くことが大切です。これに関して、文例を見てみましょう。

問　職場でコンプライアンスを徹底させるためにあなたはどう取り組んでいくか、述べなさい。

解答　私は職場のコンプライアンス徹底へ向けて積極的に社員に働きかけていきたい。リーダーとして、その責任を自覚し、誠心誠意取り組みを尽くし、職場全体でのコンプライアンスへの気運を高めていく。コンプライアンスは、社員一人一人の意識を高めることが必要である。それぞれの社員が会社の看板を背負っていることを自覚してもらい、自ら正しい判断ができるように取り組みを進めていきたい。

この答案は、「どう取り組んでいくか」という問いかけに対して、一応「こう取り組んでいく」と書いてあるので、出題の指示から確かにそれてはいません。しかし、この文章の評価は低くなります。一読して分かるように、この人が「何をどうするのか」が全くイメージできないからです。

この答案では、

「誠心誠意取り組みを尽くし、職場全体でのコンプライアンスへの気運を高めていく」

「コンプライアンスは、社員一人一人の意識を高めることが必要」

「自ら正しい判断ができるように取り組みを進めていきたい」

など、抽象論ばかりが書かれており、「具体的に何をするの？」というところが見えてきません。これでは、出題者が一番知りたい「取り組み」の内容がぼかされてしまいます。大事なところは絶対に抽象論に逃げてはいけません。

このような答案は、とてもよく見かけます。抽象論に逃げている答案は、結局のところ自分でも答えが分かっていないのです。「『誠心誠意取り組みを尽くし、職場全体でのコンプライアンスへの気運を高めていく』と言うけれど、それは具体的に何をするのか？」と問われて、説明できないのであれば、「自分でもどうすればいいか分かっていない」、ということです。それでは、職場のリーダーとして失格です。

出題で聞かれていることの核となる部分は、必ず具体的に書きます。ここで聞かれていることは、「あなたはどう取り組んでいくか」ですから、「取り組みの中身」が読み手に伝わらないと、全く評価されません。そうならないようにするために、相手の頭の中に、自分がリーダーとして行動している映像がありありと浮かぶ状態にすることが大事です。例えば、次のような答案です。

問　職場でコンプライアンスを徹底させるためにあなたはどう取り組んでいくか、述べなさい。

解答　私は職場のコンプライアンス徹底へ向けて積極的に社員に働きかけていきたい。まず、職場の社員を対象にしたコンプライアンス研修を開催する。研修では、個人情報の流出など過去にあったコンプライアンス違反の事例を紹介するとともに、セクハラなど線引きが難しい事例も取り上げ、自分ならばどのように行動するかを考えさせる。また、セクハラ行為など何か気になることがあったら私に知らせるか、社内のコンプライアンス相談窓口に連絡しても良いので、見て見ぬ振りをしないように伝える。相談窓口の電話番号については、業務予定表の横に掲示し、目につくようにしておきたい。

この答案であれば、

「コンプライアンス研修を開催」

「個人情報の流出など過去にあったコンプライアンス違反の事例を紹介するとともに、セクハラなど線引きが難しい事例も取り上げ、自分ならばどのように行動するかを考えさせる」

「セクハラ行為など何か気になることがあったら私に知らせるか、社内のコンプライアンス相談窓口に連絡しても良いので、見て見ぬ振りをしないように伝える」

「相談窓口の電話番号については、業務予定表の横に掲示し、目につくようにしておきたい」

など、取り組みが大変具体的に書けており、何をどうするのか即座に頭の中にイメージが浮かびます。このような文章が、「伝わる」文章です。

具体的な答案を書ける人は少ない

大学入試にしても、公務員・教員試験にしても、昇進試験にしても、「取り組み」を書かせる問題が頻出します。例えば、

「行政として、循環型社会実現のためにどう取り組むべきか述べよ」
「教員として、子ども達の社会性を育むためにどのように取り組むべきか答えよ」
「管理職として、人材育成にどう取り組んでいくか述べよ」

といった出題です。

あるいはエントリーシートでは、

「あなたが学生時代に力を入れて取り組んだことを述べよ」

といった質問がよくあります。

このような場合に、「取り組み」を具体的に書けている答案は少ないのです。大抵の場合は、

「市民と行政との連携を一層進め、環境立国にふさわしい循環型社会を実現すべきだ」

「教員として社会の中で生きることの意味を考えさせながら、子ども達一人一人によりそった指導を行っていきたい」

などのように、具体的に何をするのか全くイメージが浮かばない答案を書いてしまいます。

仮に「市民と行政との連携を一層進め」と書くのならば、どうすれば連携が進むのか、具体的な方策を示す必要があります。「教員として社会の中で生きることの意味を考えさせながら、子ども達一人一人によりそった指導を行っていきたい」というならば、どうしたらそれが実現できるのか、その具体的な方法を示さなければいけません。そういうことを示さずに、ただ、「市民と行政との連携を一層進め、環境立国にふさわしい循環型社会を実現すべきだ」といったきれいな言葉だけでまとめたら、良い評価にはなりません。逆にいうと、それができていれば、他の人に大きな差をつけられます。

どんな文章でも、具体性が鍵を握る

「具体性」について、もっと身近なところで使われる文章についても、考えてみましょう。例えば、お歳暮に羊羹をいただいて、そのお礼の手紙を書く場合で考えてみます。

文例

先日は大変結構なお品を頂戴いたしまして、心からお礼申し上げます。とても味わい豊かで、家族ともども大変喜んでおります。当家に対して、過分なまでのお心遣いをいただきまして、感謝の気持ちで一杯でございます。本当にありがとうございました。

この文例では、確かに、「心からお礼申し上げます」「過分なまでのお心遣いをいただき」「感謝の気持ちで一杯」などの謝意を表す言葉は書いてあるのですが、今ひとつ読み手に伝わってきません。その理由は、「具体性」がないからです。受け取った人の姿が全くイメージできません。この文章は、贈られたお歳暮の包装を解かなくても書けるような文章です。もしかしたら、もらったお歳暮は包みをほどくこともせず、そのまま別の人への「お歳暮」として使い回したのかもしれません。そんな可能性さえあるような文章です。

では、どう書くべきかというと、やはり、相手の頭にイメージが浮かぶように「具体的に描写する」ということが大事です。お礼状は、「羊羹をもらってとてもうれしかった」ということを伝えるものです。すなわち「羊羹をもらってうれしかった気持ちを伝えなさい」という「出題」だと考えればいいでしょう。ということは、その気持ちを具体的に書かなければいけません。例えば次のような書き方です。

先日は○○堂の羊羹を頂戴いたしまして、ありがとうございました。早速家族でいただきましたところ、甘さ控えめでほんのりと栗の風味も漂い、大変上品な味わいでした。左党の父も、「この羊羹なら何切れでも食べられる」とお代わりしたほどでございます。このようなお心遣いをいただいたこと、心よりお礼申し上げます。

こちらの文章には、受け取った側が喜んでいる情景が具体的に書かれています。「甘さ控えめでほんのりと栗の風味も漂い」「左党の父も、『この羊羹なら何切れでも食べられる』とお代わりした」などの描写によって、「家族が喜んで食べている」映像が頭の中に瞬時に浮かびます。このような具体的な描写をすることによって、「なるほど、とても喜んでもらえたのだな」と読み手は納得することができるのです。

「具体的に書く」ということに関して、別の文例も見てみましょう。

自己PR欄

私は、一度始めたことは最後までやり抜く意志の強さがあります。例えば小学生の頃から始めた剣道は、中学、高校と続けて、今でも練習をしています。良い指導者や仲間に恵まれて、長く続けることができています。このように頑張れたことは、私の自信にもなっています。また、粘り強さは剣道に限ったことではなく、高校での勉強やアルバイト先で任された仕事など、何事も手を抜かずやり遂げています。

この文章は、自己PRを想定して書かれたものです。全く駄目な答案ではないのですが、やはり具体性が弱く、高評価は与えられません。では、どこを具体化する必要があるかというと、この文章で最も伝えなければいけない部分です。「自己PR」として、「意志の強さ」をこの文章で伝えたいのですから、「意志の強い」人物像が相手の頭の中に浮かぶようにします。

例えば次のような書き方です。

自己ＰＲ欄

私は、一度始めたことは最後までやり抜く意志の強さがあります。例えば小学生の頃から始めた剣道は、練習もつらく、なかなか上達しない時期もあって何度もくじけそうになりました。しかし、ここで辞めたら自分に負けたことになると考え、毎日1～2時間の練習を欠かさず続けてきました。寒い冬の日であっても、決して弱音を吐きませんでした。剣道に限らず、高校での勉強やアルバイト先で任された仕事など、何事にも手を抜かずやり遂げています。

初めの答案と比べてみてください。

・良い指導者や仲間に恵まれて、長く続けることができています

・このように頑張れたことは、私の自信にもなっています

こうした一般論を書くよりも、「粘り強い性格」であることを示すようなシーンを具体的に描写した方が、遥かに説得力のある答案になります。後の文例では、

・毎日1～2時間の練習を欠かさず

・寒い冬の日であっても

などのような「具体的」な描写によって、冬の日に黙々と練習を続ける人物像が頭の中にサッと浮かびます。その人物像を通して「確かに意志の強そうな人だな」という納得感が得られます。

このように、「具体性」があるかどうかは、文章の説得力、納得感に直接関わります。結果として、答案の印象、評価を大きく左右するのです。

この「具体的に書く」ということも多くの人が苦手としており、私の見るところ、半分以上の人ができていません。しかも、「この部分はもっと具体的に書いてください」と指摘しても簡単には直りません。複数回指摘しても、なかなか改善しないのです。文章に具体性をもたせる、ということは難しいことのようです。

ここで、文章の「具体性」を高めるための練習をしてみましょう。「具体性」を高めるとは、「相手の頭の中にはっきりとしたイメージが浮かぶ状態を作ること」です。二つの例題を出しますので、「具体性」を高めるポイントをつかみましょう。

まず、「過去1年間で私が頑張ったこと」というテーマで短い文を書いてみることにします。今回は、練習問題ですので、取り上げることは仕事や学業以外のことでも全くかまいません。自分が書いてみたいことであれば何でもＯＫです。例えば、「ダイエットを頑張った」ということを書くとしましょう。

文例1　「過去1年間で私が頑張ったこと」

過去1年間で私が頑張ったことはダイエットです。この1年で、体重を大きく減らすことができました。私はダイエットを成功させるために、運動を続けることを自分に課しました。また、運動だけでなく、食生活を根本から見直して、食事に気を配るようにしました。

この文章は、「私はこの1年間、ダイエットに頑張った」ということを伝えることが目的です。読んでみてどうでしょうか。今ひとつ「頑張った」感じが伝わりません。それは、「具体性」が低いからです。

では、どこを変えたらいいのかを考えてみてください。

すでに述べたように、第三者に伝わる文章は、読み手の頭の中にすぐにイメージが浮かぶような文章です。この文章は、次の点が曖昧だと感じます。

この文章で曖昧な点
・体重を大きく減らすことができた
・運動を続けることを自分に課した
・食生活を根本から見直して、食事に気を配った

以上の、三つの要素が気になります。
一つ一つを見ていきましょう。まず、「体重を大きく減らすことができた」は、言っている意味は分かりますが、「大きく」というのがどの程度のことなのか具体性がないので、頭の中ではっきりした像を結びません。では、どうすればいいのでしょうか。一番いいのは数字を入れることです。例えば、「75kgから60kgに減った」と書いたら一気に具体的になります。読み手の中で、ダイエット前と後のシルエットが浮かび、「それはずいぶんお腹もへこんだだろうな」と、頭の中でイメージが明確になります。このように、数字を入れることは、具体性を高めるのに効果的です。

二つ目の「運動を続けることを自分に課した」はどうでしょうか。このままで頭の中にイメージが浮かぶでしょうか。なんとなくは浮かびますが、はっきりとしないのではないでしょうか。なぜはっきりしないかというと「運動」という曖昧な表現をしているからです。「運動」といっても、ランニング、自転車漕ぎ、縄跳びなどいろいろあります。「どのような運動か」という点が「具体化」されていないので、頭の中にはっきりしたイメージがわきません。

そこで、「運動を続けることを自分に課した」の代わりに、「ランニングを続けることを自分に課した」にしてみます。こうすると、走っているイメージがサッと頭に浮かびます。こういう具体的な運動の名称を入れると、たちどころに分かりやすくなります。

この部分で、さらに具体化できるところはないでしょうか。一つ目と同じように、数字を入れてみます。例えば、「毎日ランニングを30分続けた」にすると、もっとはっきりイメージがわいてきます。「毎日」という頻度を表す言葉、「30分」という数字によって、この人がどれくらいランニングしたのかが明確になります。

三つ目の「食生活を根本から見直して、食事に気を配った」の要素はどうでしょうか。確かに食事をしているイメージは頭に浮かびますが、具体的にどう気を配ったのかが分

からないので、ぼんやりとしたイメージしかわきません。この部分をもっと「具体化」します。例えば、

「肉や揚げ物は避け、野菜、魚などを中心にとるようにした」

としたらどうでしょうか。「食生活を根本から見直して、食事に気を配った」ではどんな食事だったのかがイメージできませんでしたが、この表現なら、食卓に並べられた料理の映像が頭に浮かびます。

まとめると、次のようになります。

> 文章の中で具体化する点
> ・体重は、75kgから60kgに減った
> ・毎日ランニングを30分続けた
> ・肉や揚げ物は避け、野菜、魚などを中心にとるようにした

こうやって、できるだけ相手の頭にイメージがわくように材料を集めるのです。これを元に文章を書き直してみましょう。

修正例

過去1年間で私が頑張ったことはダイエットです。体重を75kgから60kgに減らすことができました。私はダイエットを成功させるために、毎日ランニングを30分続けました。食事にも気を配り、肉や揚げ物は避けて、野菜、魚などを中心にとるようにしました。

前の文例と字数はほぼ同じですが、話が具体的になったことで、「頑張った」様子がよく伝わってきます。「75kgが60kgに減った」「毎日ランニングを30分続けた」「肉や揚げ物は避け、野菜、魚などを中心にとるようにした」といった具体例によって、読み手は「なるほど、それは確かに頑張ったと言えるな」と納得します。このように、文章の「具体性」が、納得感を高めます。

もう一つ身近な例で考えてみましょう。社内メールの文章です。

件名：酒席における注意喚起について

年末になり飲酒の機会が増える時期となりました。酒席では気が緩みがちとなり、思わぬトラブルが発生することが多くなります。是非とも各職場で、課員に対して注意喚起をしていただき、酒席でトラブルを起こさないようにしてください。よろしくお願いいたします。

このメールでも必要最低限のことは伝えられています。しかしながら、注意喚起としての実効性は低いでしょう。なぜなら、全体として曖昧、抽象的で、どうすべきなのか、はっきりとしないからです。どこを変えたらいいでしょうか。具体性が弱い点を挙げてみましょう。

この文章で曖昧な点
・思わぬトラブル
・注意喚起をしていただく

一つ目の「思わぬトラブル」とは、具体的にどういうことなのか曖昧です。このため、何に気をつけたらいいのか分かりません。また、トラブルの内容が曖昧なので、注意喚起といっても何をしたらいいのか分かりません。

このあたりをはっきりさせないと、注意喚起の効果は上がりません。では、どう具体化したらいいでしょう？　前記の項目について「例えばこういうことだ」という例を示すようにします。

文章の中で具体化する点

・思わぬトラブル→セクハラにつながる言動をすること

・注意喚起をする→各職場で、セクハラにつながる言動は決してしないこと、周りでこのような言動を見たら黙認せず止めることを伝える

これでもある程度具体化しましたが、まだ、曖昧なところがあります。「セクハラにつながる言動」とは何かが明確ではありません。セクハラは線引きが難しい問題です。そこで、一つか二つ、「例えばこういうことだ」、という例を挙げることによって、もっと分かりやすくなります。

文章の中で具体化する点
・思わぬトラブル→セクハラにつながる言動をすること
＊例えば＝「プライベートなことをしつこく聞く」「お酌を強要する」など
・注意喚起をする→各職場で、セクハラにつながる言動は決してしないこと、周りでこのような言動を見たら黙認せず止めることを伝える

これくらいまで具体化すると、誰が読んでも分かる文章になります。「例えばどういうことか」という問いかけはとても大事で、文章を書くときには常に自問自答してほしいことです。

ここまでの材料を元に、改めてメールを書いてみましょう。

件名：酒席における注意喚起について

年末になり飲酒の機会が増える時期となりました。酒席では気が緩みがちとなり、「プライベートなことをしつこく聞く」「お酌を強要する」など、セクハラにつながる言

動が多発します。各職場で課員に対して、上記のような言動は決してしないこと、周りでこのような言動を見たら黙認せず止めることなど、注意喚起をしていただくようにお願いいたします。

ここまで書いたら誰が読んでも「そういうことか」と、理解・納得できます。大事なことはぼかさずに「具体化」します。

ここに挙げた二つの文例は、自分のことや職場のことなので、割と具体化がしやすいはずです。しかし、大学入試や公務員試験等の場合、必ずしもそういう出題とは限りません。

例えば、「急激な人口減少に対応していくために、行政として何をすべきであるか、考えを述べなさい」のように、社会的な問題が取り上げられることが多くあります。自分がよく知らないテーマが出ることもあり得るので、「具体化」の作業は簡単ではありません。その結果として「具体的に書けている答案」は、とても少なくなってしまいます。

そこで、このような試験を受ける人は、「人口減少への対応」「温暖化対策」など、出題されやすいテーマについて、問題の背景や、解決策の例などについて、新聞や参考書などを活用して、十分に勉強しておくことが必要です。

また、昇進試験の場合も、「職場でのコミュニケーションの活性化」「部下の人材育成」「コンプライアンス意識の向上」など、よくあるテーマについては、どんな取り組みをしたらよいのか、考えておきましょう。そうすれば、本番で余裕を持って答案を書くことができます。

以上、第一講と第二講では、文章を作成する上で必ず押さえておきたい注意点を解説してきました。続く第三講では、この注意点を踏まえつつ、実際にどのような手順で文章を書いていけばいいのかを解説します。

第三講　どんな実用文にも対応できる「文章作成の手順」

「文章の型」は役に立つか

第三講では、文章を作成するときに役立つ、基本的な「手順」をご紹介します。この手順をマスターしてもらえればどのような実用文にも対応できるはずです。

その「手順」を解説する前に、文章作成にまつわる誤解について書いておきたいことがあります。私の塾の生徒さんから「小論文は『文章の型』に沿って書くことが大事なんですよね」と聞かれることがあります。「文章の型」というのは、いわゆる「起承転結」の四段構成や、「序論・本論・結論」の三段構成を指します。この手の「文章の型」は、文章を作成する上で役立つこともありますが、それに頼ってしまうと危険です。

例えば、次のような文章を書いてくる人がいます。

問　子ども達の自己肯定感を育てていくために教員としてどう取り組んでいくべきか、

あなたの考えを述べなさい。

解答例　近年、日本の子ども達は自己肯定感が低いことが指摘されている。欧米やアジアの子ども達と比べて、日本の子ども達は「自分は自分で良い」と自信を持つ者の割合が少なく、物事に対して消極的であるとされる。では、子ども達の自己肯定感を育てる教育を進めていくべきであろうか。

確かに、自己肯定感が高いと、新しいことに挑戦する意欲がわいたり、難しいことでも自分からやってみようという気持ちが起きたりする。これは、教育上望ましいことである。子ども達が、自分の人生を積極的に生きていくために、自己肯定感を高めることは必要なことと思われる。

しかし、過度に自己肯定感に傾斜した教育を行ってしまうと、何をしても「自己肯定感が大事だから」ということになり、「わがまま」「自己中心的」との区別がつかなくなる。「自己肯定感」の重要性は分かるが、手放しでそれを尊重する教育には反対である。

従って、同じ「自己肯定感」を伸ばしていくにしても、集団の中で果たすべき役割や他人に迷惑をかけてはいけないことも教えていくことが必要である。バランスのとれた教育を進めていくべきである。

この答案は「起承転結」の四段構成に型どおり沿っていますが、本書をここまで読んだ方には、この答案がおかしいということは明白だと思います。改めて、問題の意味をよく考えてみましょう。

出題では、「子ども達の自己肯定感を育てていくために教員としてどう取り組んでいくべきか」と、「自己肯定感を育てるための取り組み」を聞いています。「取り組み」ですから、「具体的にこうする」ということを書くのです。

例えば次のようなことです。

・教員として、子ども達の良い面を見つけ、褒めることを心がける。「○○さんは、絵がとても上手だね」など、その子の美点を積極的に褒める

・教員として、それぞれの子どもにスポットが当たる場面を作って自信を持たせる。例えば、ピアノが上手な子どもに合唱の伴奏を任せる、足の速い子どもにクラス対抗リレーの選手になってもらうなど、その子の良さが活きる場面を作る

このように、具体的に教員として何をするのか、という「取り組み」が解答の中心に

ならなければいけません。しかし、先に挙げた答案では、教員としての取り組みは、どこにも書いていません。

初めの段落は、起承転結の「起」ということで、「日本でも子ども達の自己肯定感を育てる教育を進めていくべきであろうか」という問題提起をしています。しかし、出題では「自己肯定感を育てる教育を進めていくべきかどうか」などということは聞いていません。聞いていることは「自己肯定感を育てるための取り組み」の中身です。この時点で出題の意図が捉えられていません。

また、仮に出題が「子ども達の自己肯定感を育てる教育を進めていくべきかどうかを述べよ」であったとしても、問題提起は、問題文の方で「……進めていくべきかどうか」と、すでに行っているわけですから、第一段落で改めて問題提起する意味はどこにもありません。

続く第二段落は、第一段落を「承《う》」ける形で、自己肯定感を育てる教育を進めていくことに賛成する立場の意見を書き、第三段落は、「しかし」で話を「転」じ、手放しで自己肯定感を尊重することに反対の立場で意見を書いています。

しかし、出題では、「自己肯定感を育てる教育を進めていくことに賛成か反対か」を前提にした上で、そのために何をしたら良いのか、「取り組み」の中身を聞いているのです。

結局最後の段落になっても、「自己肯定感を育てるための取り組み」については何も言及がなく、「バランスのとれた教育を進めていくべき」というピントのずれた「結論」で終わっています。

こういう答案を書いてしまう人は、「起承転結」の四段構成の型に落とし込むことだけに注意が向けられ、「出題が何を聞いているのか」を考えていません。そのために見当外れの答案になってしまうのです。「文章の型」に頼るのは危険である、というのはそういう意味です。

実際に、こういうことがありました。ある大手メーカーの人から小論文試験の指導の依頼を受けたのですが、私はいつものように、「問題をしっかり読んでそれに沿って書くようにしてください」という指導をしました。すると、短期間でかなり上達しました。その人が、自分の書いた答案を上司や先輩に見せたところ、「この答案は、文章の型に沿って書いていない。これは小論文ではない」と酷評されてしまいました。その人が心配そうにしていたので、私は「このままで大丈夫です」とお伝えして、試験に送り出しました。しばらくしてその方から、「小論文で高評価を得て合格した」との連絡を受けました。

この事例のように、文章を「型に沿って書く」ということにこだわる人がいるのですが、答案の構成を「文章の型」で決めつけないようにします。特に200〜300字くらいの短い文章を書くときは、型を作る余裕などなく、聞かれたことにストレートに答えなければなりません。「文章の型」は役に立ちませんので注意が必要です。

では、どのような手順で文章を書いていけばいいのでしょうか。私が提案するのは、以下のステップで進めていくことです。

「文章作成の基本的な手順」

1　問題文の趣旨を正確に理解する（「聞かれていること」を整理する・意味を正確に押さえる）

2　問われていることを元に、構成を立てる

3　「主張」「理由」「具体例」を基本に材料を集め、下書きを作る
4　日本語表現に気をつけながら、文章にする

この四段階で進めていけば、小論文であろうがエントリーシートであろうが履歴書であろうが、説得力のある文章が書けるはずです。200字程度の短い文章から3000字、4000字の長い文章まで対応できます。

練習問題を元に考えてみましょう。

練習問題1

問　理想とする管理職像を示した上で、あなたはその理想像を実現するためにどのように行動するか、考えを述べよ。（800字程度）

昇進試験に出てきそうな出題です。「管理職像」を「看護師像」に置き換えれば病院の採用試験に出てきそうですし、「教員像」に替えれば教員採用試験に出てもおかしくありません。この問題に対して、先に挙げた四つのステップで文章を組み立てていきま

しょう。

1　問題文の趣旨を正確に理解する（「聞かれていること」を整理する・意味を正確に押さえる）

この作業については、第一講で見てきました。

・問題文を分解し、「聞かれていること」を整理する
・注意すべき点を考え、「聞かれていること」の意味を正確に押さえる

この二つの作業を行うのでした。改めて、今回の問で作業を行ってみましょう。まず、「問題文を分解し、『聞かれていること』を整理する」のですが、この問は聞かれていることがいくつあるでしょうか。

・理想とする管理職像を示す
・その理想像を実現するためにどのように行動するか

この問は、このように二つのことを聞いていることが分かります。この二つに答えることが目的であるということをまず押さえます。

そして、「注意すべき点を考え、『聞かれていること』の意味を正確に押さえる」わけですが、これはそれほど難しくありません。「理想とする管理職像」は、「こういう管理職になりたい」というイメージを提示することですし、「その理想像を実現するためにどのように行動するか」は、先に挙げた理想像に自分自身がなるために、具体的にこういうことをやります」という自分の行動を書けば良いのです。ここまでで「1　問題文の趣旨を正確に理解する」のステップは終了です。

2　問われていることを元に、構成を立てる

1の作業で、問われていることが二つあることが分かりました。これに答えることが目的なので、この二つを軸に答案を構成します。聞かれたことにそのまま答えるのが一番分かりやすいですから、答案は次の二つの柱で構成されることになります。

問：理想とする管理職像を示す

問：その理想像を実現するためにどのように行動するか

そして、８００字くらいの文章になると、全体のまとめもあった方が良いので、答案を構成する柱は次の三つになります。

問：理想とする管理職像を示す

問：その理想像を実現するためにどのように行動するか

全体のまとめ

この三つの柱を書けば答案は完成します。

ここで、三つの柱をどれくらいの字数配分にすればいいか考えてみましょう。三つあるからと言って、全部を均等にする、ということにはなりません。大事なところ、出題の核となる部分に多めの字数を割きます。

まず、三つ目の「全体のまとめ」は、改めて答案の内容をとりまとめるだけですから、少な目で良いことは分かります。では、一つ目と、二つ目の柱はどうでしょうか。「理想とする管理職像を示す」は、「こういう管理職像だ」と一言で示すことができますから、そんなに多くの字数はいらないと考えられます。では、「その理想像を実現するためにどのように行動するか」はどうでしょうか。これは、「何か一つのことをやったらすぐ理想像が実現しました」という訳にはいかないでしょう。「こういうこともやって、ああいうこともやって、ようやく理想像にたどりつける」というものではないでしょうか。そのように考えると、一つ目よりも、二つ目の柱に多めに字数を割くのが妥当です。ということは答案全体の構成としては次のようなイメージになります。

問：理想とする管理職像を示す

問：その理想像を実現するためにどのように行動するか

全体のまとめ

このように、２の段階では、大まかな字数配分のイメージまで考えておきます。一つ目の空欄が大体２～３割、二つ目が６～７割、三つ目が１割くらいと考えておきましょう。

3 「主張」「理由」「具体例」を基本に材料を集め、下書きを作る

この後は、それぞれの空欄に材料を書き入れて下書きを作ります。一つ目の「理想とする管理職像を示す」であれば、この中に何を書いたらいいのか、箇条書きで材料を集めます。材料が集まったら、清書する、という流れです。

材料集めの際に考えてほしいのが、「主張」「理由」「具体例」の三要素です。読み手の理解、納得を得るためには、この三要素が大事になるからです。

まず、「主張」というのは、問いかけに対して「一言で言えばこうだ」という答えにあたります。「理想とする管理職像を示す」という問いかけに対して「一言で言うとこうだ」という答えを考えます。例えば「部下を思いやれる管理職」「目標へ向かってチームを引っ張ることができる管理職」など、人それぞれ考え方があるでしょう。いずれにしても「私はこう考える」という「主張」がなければ始まりませんから、すべての項目で必須の要素です。仮に、「問：理想とする管理職像」の答えを「部下をよく理解し、一人一人にあった指導ができる管理職」と考えているのだとしましょう。それを一つ目の空欄に書き込んでいきます。

問：理想とする管理職像を示す
主張＝部下をよく理解し、一人一人にあった指導ができる管理職

これで、一つ目の問いかけに対して何を書くのかが明確になりました。

次に、「理由」「具体例」について考えます。何かを主張して、それを相手に理解・納得してもらうためには、「理由」や「具体例」が必要となります。日常のたわいのない会話でもこのことはいえます。

例えば「先日、北海道に行ってきたよ」と同僚に言ったとします。それを聞いた同僚はこれだけでは理解・納得をしません。当然「どうして北海道に行ったの？　出張？　休暇？（＝理由）」と聞いてくることでしょう。そうしたら今度は「休暇で行ってきたよ」などと答えるでしょう。「理由」を知ることで、聞き手は「なるほど休暇で北海道に行ったんだ」と少し状況が理解できます。

さらに同僚は、「北海道で何をしたの（＝具体例）」と聞くことでしょう。それに対して「富良野のラベンダー畑を見てきたよ。小樽で海鮮丼も食べてきた」と答えたとしま

す。こういう「具体例」によって、聞き手は「ああ、そうだったんだ。北海道を満喫できて良かったね」と納得できます。このように、ある発言に対して、「理由」や「具体例」を知ることで、聞き手は理解・納得できるのです。

文章を書くときも同じで、初めに、言いたいこと＝「主張」があって、それを「理由」や「具体例」により補うことで、納得感、説得力のあるものになります。なお、「理由」と「具体例」は、必ず両方必要なわけではありません。「主張」の内容によっては、どちらか一方でも十分な場合があります。「これで読み手が『主張』を、理解・納得できるかな」ということを考えながら、材料を集めるようにしてください。

では、先ほどの「主張」について、「理由」「具体例」で材料を集めて補強をしてみましょう。

「主張＝部下をよく理解し、一人一人にあった指導ができる管理職」

こういう主張を出しましたが、「なぜ」そのように考えるのでしょうか？　また、「部下をよく理解し、一人一人にあった指導ができる管理職」とは、もう少し「具体的に」いうとどういうことでしょう。「よく理解し」とは何を理解するのでしょうか、「一人一人にあった指導」とは、「具体的に」何をどうするのでしょうか。そのあたりを書き込んでみます。材料を追加したところは太字で示します。

問：理想とする管理職像を示す
主張＝部下をよく理解し、一人一人にあった指導ができる管理職
理由＝部下は、それぞれ適性・能力が異なり、画一的な指導では各人の力を発揮させることはできないから
具体例＝
「よく理解し」とは？→それぞれの良さ、持ち味を理解する
「一人一人にあった指導」とは？→部下が最大限に力を発揮できるような業務の割り振りや助言ができること

このような形で箇条書きにして材料を集めます。一つ目の空欄は、字数配分としては全体の3割程度ですから、これくらい材料があればいいでしょう。

今度は二つ目の空欄について材料を集めてみましょう。まず、「主張」を立てます。問いかけは、「その理想像を実現するためにどのように行動するか」です。これに対して「一言で言えばこうだ」という答えを出します。ただし、この空欄は全体の6割程度を割くので、「主張」が一つだけでは、字数を埋めるのは難しいと思います。「主張」を二つ立ててみましょう。

> 問：その理想像を実現するためにどのように行動するか
> 主張1＝部下とコミュニケーションをとる機会を多く持つ
> 主張2＝部下の適性・能力に見合った目標を与え、達成へ向けてフォローをする

自分の理想像が「部下をよく理解し、一人一人にあった指導ができる管理職」ですから、実際の行動としてはこのような答えが考えられます。なお、解答字数が1200字、1500字など、長い場合は、三つ目の主張を立てても良いでしょう。

そして、二つの主張に対して、先ほどと同じように、「理由」「具体例」で材料を集め

ます。

問：その理想像を実現するためにどのように行動するか
主張1＝部下とコミュニケーションをとる機会を多く持つ
理由＝部下から考え方や将来の希望などを聞き取ることが大切だから
取り組みの具体例＝四半期に一回、一対一で面談する。仕事上の課題や、職場環境に関して思うこと、将来進みたい分野などを話してもらう
・普段から、業務の進捗状況を尋ねたり、気になることがあれば声かけをしたりする
主張2＝部下の適性・能力に見合った目標を与え、達成へ向けてフォローをする
理由＝目標によって、自らを奮い立たせ、力を伸ばしていくことができるから
取り組みの具体例＝部下の働きぶりや面談をもとに、各自に適合した業務を与える。例えば、商品開発を希望するなら、それに関連する業務を経験させる
・業務目標はやや高めのものを与える。困難にぶつかった時は、助言を行う

このように、答案に書くべきことを箇条書きで整理していきます。二つ目の欄は6割程度の字数ですからこれくらいあればいいでしょう。最後の欄についても、この作業を行います。最後の欄は全体のまとめですから、主張だけを簡単に書いておけば良いのです。

全体のまとめ
主張＝以上のように、部下を理解し、その力を伸ばす。昇進後は、理想とする管理職となれるよう大いに努力する

これですべての欄が埋まりました。

4　日本語表現に気をつけながら、文章にする

いよいよ、文章としてまとめる作業に入ります。材料を元に答案を書いてみましょう。ここまでに集めた材料は箇条書きで書き込んだだけですから、実際に文章としてまとめ

るときには、自然な日本語となるように、言葉を補ったり、表現を整えたりして書くようにします。

なお、二つ目の問いかけ「その理想像を実現するためにどのように行動するか」については、全体の6割をイメージしていますから、一段落には書き切れません。この問いかけの答えは、「一つ目……」「二つ目……」で話を分けられますから、二段落に分けて書くとよいでしょう。一つの問いかけに対して一段落で構成する、ということではありません。

問　理想とする管理職像を示した上で、あなたはその理想像を実現するためにどのように行動するか、考えを述べよ。（800字程度）

解答例　私が理想とするのは、部下をよく理解し、一人一人にあった指導ができる管理職である。管理職の業務の柱の一つは人材の育成であるが、部下は、それぞれ適性・能力が異なる。画一的な指導では各人の力を発揮させることはできない。それぞれの良さ、持ち味を理解した上で、部下が最大限に力を発揮できるような業務の割り振りや助言ができる管理職でありたい。そのような管理職となるために、私は、次の二点について行動する。

一つ目に、部下とコミュニケーションをとる機会を多く持ちたい。部下を理解するために、定期的にコミュニケーションの場を持ち、考え方や将来の希望などを聞き取ることが大切である。そこで私は、四半期に一回、部下と一対一で面談する機会を作る。面談の場では、仕事上の課題や、職場環境に関して思うこと、将来進みたい分野などについて話してもらい、部下の思いを理解する。また、面談の場に限らず、普段からコミュニケーションを密にしたい。例えば、業務の進捗状況を尋ねたり、仕事の遅れが見られる場合は声かけをしたりする。自分から積極的にコミュニケーションをとり、部下のことを理解できる管理職となりたい。

二つ目に、それぞれの部下の適性・能力に見合った目標を与え、達成へ向けてフォローをする。目標があることで、部下は自らを奮い立たせ、その力を伸ばしていくことができる。ただし、その目標は各人に適合したものでなければならない。そこで、私は、部下の働きぶりや面談で得た情報も加味しながら、各自に適合した業務と目標を与える。例えば、将来商品開発を希望し、その適性がある者には、商品開発に関連する業務を積極的に経験させる。その上で、業務目標として本人の過去の実績よりやや高めのものを与える。目標達成の過程で部下が困難にぶつかった時は、助言を行い、解決策を考えさせる。このようにして困難を乗り越えることで、部下はその力を高めていくことができる。

私は、管理職として以上のような行動をとり、部下を理解し、その力を伸ばしていく。昇進後は、自ら理想とする管理職となれるよう大いに努力したい。

完成した文章を見てみると、出題の「理想とする管理職像を示す」「その理想像を実現するためにどのように行動するか」という問いかけに正面から答えられています。また、自分自身の行動が、

「四半期に一回、部下と一対一で面談する機会を作る。面談の場では、仕事上の課題や、職場環境に関して思うこと、将来進みたい分野などについて話してもらい……」

「業務の進捗状況を尋ねたり、仕事の遅れが見られる場合は声かけをしたりする」

「将来商品開発を希望し、その適性がある者には、商品開発に関連する業務を積極的に経験させる」

「その上で、業務目標として本人の過去の実績よりやや高めのものを与える」

など、誰が読んでも分かるように具体的に書けており、「ああ、そういうことをするのか」と納得できます。よく書けている答案です。

このように、四つの作業を経て文章にすると、出題からそれることなく、なおかつ、具体性の高い、納得感のある文章を書くことができます。

複雑な問題にどう対処するか

もう少し複雑な出題にも取り組んでみましょう。

練習問題2

問　あなたがこれまでにリーダーシップを発揮して困難な物事に取り組んだ事例を挙げ、成長できたこと、課題と感じたことを述べなさい。また、その経験を、今後にどう活かせるかについてもあわせて記述しなさい。（1000字程度）

就職試験や昇進試験などでありそうな出題です。注意深く読み解いていかないと、失敗する確率が高くなります。

1　問題文の趣旨を正確に理解する

すでに述べたように、出題の指示を把握するときは、「……挙げ」「……述べ」「……指摘し」などの表現に注目します。この出題で書くように指示されているのは以下の要素になります。

・これまでにリーダーシップを発揮して困難な物事に取り組んだ事例を挙げる
・成長できたことを述べる
・課題と感じたことを述べる
・その経験を、今後にどう活かせるかについてもあわせて記述する

ここで、それぞれの問の中で特に慎重に意味を考えて書くべきなのはどこかを考えます。一つ目の問の中にある、「リーダーシップを発揮して」「困難な物事に」は要注意です。「リーダーシップを発揮して」ですから、自分がチームの先頭に立って何かに取り組んだことを印象づけなければいけません。また、「困難な物事に」とあるので、簡単

に達成できることを書いてしまったら評価は下がります。仮にそういう経験があまりないとしても、文章として書くときは「とても難しかった」というニュアンスが出るように書かないと、採点者の納得感を得られません。

実際、答案の指導をしていると、「困難な物事に取り組んだ事例を挙げる」と指示されているのに、さして難しいとも思えないような取り組み（少なくとも読み手がそのように受け取ってしまう）を書いてくる人がたくさんいます。このように、問題文の細部にまで注意を払うようにします。

2　問われていることを元に、構成を立てる

次に、答案の構成について考えます。先に挙げた四点に答えることが目的ですから、書く順番はそのままにして、全体的な答案の構成は以下のようにすると良いでしょう。

> 問：これまでにリーダーシップを発揮して困難な物事に取り組んだ事例を挙げる

問：成長できたことを述べる

問：課題と感じたことを述べる

問：その経験が、今後にどう活かせるかについてもあわせて記述する

最後に全体のまとめの要素をつけるかどうかですが、先ほどの練習問題では、その方が、文章が締まるという考え方から、全体のまとめをつけました。今回もつけてもいいのですが、全体を五つの要素に分割すると、字数内に収めるのが厳しくなる可能性があります。最後の問は、「その経験を、今後にどう活かせるか」です。ということは「この経験を、今後私はこのように活かしていきたい」という話を書くことになります。この内容からすると、それ自体を全体のまとめにすることも可能です。ですから、改めてまとめの段落を置かなくても良いでしょう。このように、字数や出題の内容を見極めな

がら、答案の構成を考えていきます。「文章を書くときは、必ずまとめの段落をつける」と決めつける必要はないのです。

次に、それぞれの項目の字数配分について考えます。この出題は大きく分ければ、

○過去の話：あなたがこれまでにリーダーシップを発揮して困難な物事に取り組んだ事例を挙げ、成長できたこと、課題と感じたことを述べなさい
○今後の話：その経験を、今後にどう活かせるかについてもあわせて記述しなさい

という二つの要素から成り立っていることが分かります。過去の話については、三つも指示があるわけですから、「こちらの方を詳しく知りたいのだな」ということが推察されます。

一方で、今後の話である「今後にどう活かせるかについてもあわせて記述する」の方はどうでしょうか。「……もあわせて」という聞き方は、「本題にプラスアルファで答えてください」というような、どちらかというと「付け足し」のようなニュアンスがあり

ます。ですから、全体としてみれば、過去の話をしっかり書いて、今後の話はあっさり目に書く、というイメージになります。

　では、「過去の話」の三要素はどういう配分にしたらいいかを考えましょう。一つ目の、「これまでにリーダーシップを発揮して困難な物事に取り組んだ事例を挙げる」の方は、簡単には説明できないでしょう。「こういう状況でリーダーになって、こういう仕事に取り組んで、こういうことが困難だったが、こう乗り越えた」という話ですから、そこそこの字数は必要になるでしょう。

　一方で、「成長できたことを述べる」「課題と感じたことを述べる」については、どうでしょうか。こちらは、「成長できたことはこういう点です」「課題と感じたことはこういう点です」と、割と簡潔に説明できそうです。従って、過去の話の三要素について、字数のバランスは、

「これまでにリーダーシップを発揮して困難な物事に取り組んだ事例を挙げる」＞「成長できたことを述べる」≒「課題と感じたことを述べる」

　このようなイメージになるでしょう。

　以上の分析を元に、全体の字数配分を考えると次のようになります。

問：これまでにリーダーシップを発揮して困難な物事に取り組んだ事例を挙げる

問：成長できたことを述べる

問：課題と感じたことを述べる

問：その経験が、今後にどう活かせるかについてもあわせて記述する

この字数配分はあくまで目安ですから、何が何でもこの比率にするというように杓子定規に捉える必要はありません。大体こうだ、というイメージです。

一連の作業は一見面倒に見えるかもしれませんが、慣れてくれば、2、3分でサッとできるようになります。ここまでの基本動作ができるようにならないと、いつまでたっても「聞かれていること」と書いていることが違う、見当外れの文章から脱することができません。ですから、この手順は、必ず身につけてほしいと思います。

3 「主張」「理由」「具体例」を基本に材料を集め、下書きを作る

この後は、それぞれの項目ごとに材料を集めていきます。今回は、大学生が就職活動で書く文章であることを想定して考えてみましょう。

初めの項目について「主張」を出してみます。

問：これまでにリーダーシップを発揮して困難な物事に取り組んだ事例を挙げる
主張＝大学の合唱部で演奏会を開くに当たり、30万円分の広告を集めたこと

これがこの項目で言いたいことの根本になります。このあとは、この項目に書く材料を集めていきます。「なぜ」広告が必要だったのか、「具体的に」何をしたのか、といった疑問がわきます。読み手が何を知りたいかを考えて材料を出します。

問：これまでにリーダーシップを発揮して困難な物事に取り組んだ事例を挙げる
主張＝大学の合唱部で演奏会を開くに当たり、30万円分の広告を集めたこと
広告が必要だった理由は？＝大型のホールを借りたため、経費がかかるから
具体的に何をしたのか？＝リーダーに立候補し、当初、目標は20万円と定めた
・7人のチームを編成し、飲食店、個人商店への営業をかけた
具体的な結果は？＝32万円分の広告が集まり、プログラムは広告で一杯になった

基本的な情報は入っているわけですが、まだ弱いところがあります。今回注意すべきキーワードとして、「リーダーシップを発揮して」「困難な物事に」という二点が出ていました。この二つの要素を織り込めているでしょうか。「リーダーシップを発揮して」の方は、「リーダーに立候補し、当初、目標は20万円と定めた」「7人のチームを編成し」とありますので、一応、中心になって行動したことは分かります。

ただ、「困難な物事に」の方は、現状ではどこが困難だったのか伝わりません。そこで、「困難さを示す具体例」を入れる必要があるでしょう。例えば、過去の演奏会での広告集めの実績が数万円程度であったとしたら、20万円分の広告集めはとても困難だと感じます。また、営業がうまくいかず、演奏会が近づいても目標が達成できなかった、といったエピソードが入ると、困難感が強調されます。

問：これまでにリーダーシップを発揮して困難な物事に取り組んだ事例を挙げる
主張＝大学の合唱部で演奏会を開くに当たり、30万円分の広告を集めたこと

広告が必要だった理由は？＝大型のホールを借りたため、経費がかかるから
困難さを示す具体例1＝過去の演奏会での広告は数万円程度の実績しかなかった
具体的に何をしたのか？＝リーダーに立候補し、当初、目標は20万円と定めた
・7人のチームを編成し、飲食店、個人商店への営業をかけた
困難さを示す具体例2＝営業がうまくいかず、演奏会が近づいても目標に遠く及ばなかった。その結果メンバーの士気が低下した
具体的にどう解決した？
・メンバーに集まってもらい、自分の決意を伝えた。皆で議論し、店舗を再度訪問して、今後なるべく食事等で利用することを伝える、実際に友人等を連れて店舗を利用する、などの戦略を立てた
具体的な結果は？＝**メンバーの動きが活発になった。**32万円分の広告が集まり、プログラムは広告で一杯になった

常に「問われていること」に立ち返り、それに答えるには、どのような材料が必要なのかを考えます。

他の三つの項目についても同じように作業を行います。

問：成長できたことを述べる
主張＝積極性を身につけることができた
理由は？＝それまで、リーダー役を引き受けることはなかったが、今回は自ら手を挙げてリーダーとなってやり遂げた。それまでの消極的な姿勢を打ち破ることができた

問：課題と感じたことを述べる
主張＝メンバーの士気を保ち続けること
理由は？＝営業活動が困難であることは初めから想定できた。当初から声かけを行い、課題点を聞き取って、全員で解決策を考えていれば、もっと上手くいったかもしれないから

問：その経験を、今後にどう活かせるかについてもあわせて記述する

主張＝社会人として仕事をする上で活かせる

理由は？＝会社の中ではチームで一つの仕事を進める機会が多くあるから

具体的にどうする？＝私は積極的にリーダー役を引き受ける。チームの目標ややるべきことなどを掲げメンバーを引っ張っていく

・上手くいっていない人がいれば、こちらから声をかけてフォローするほか、全体ミーティングを開いて問題点を解決する

・メンバー全員が一貫して高い士気の元、仕事ができるように働きかける

ここでは、三つの主張が展開されていますが、「主張＝積極性を身につけることができた」と、「主張＝メンバーの士気を保ち続けること」については、「理由」のみが書かれてあり、「具体例」は入れていません。これは、最初に出てきた「問：これまでにリーダーシップを発揮して困難な物事に取り組んだ事例を挙げる」の項目の中に、自分から立候補して積極的に働きかけた様子や、士気が低下した時の対応など、具体例をすで

に書いているからです。

また、字数のバランスから言っても、この2項目はあまり長くすることができません。このように、「主張」に対して常に「理由」「具体例」がセットでいるわけではなく、答案全体の構成を考えながら判断していきます。

4　日本語表現に気をつけながら、文章にする

ここまで集めた材料を元に、答案を書いてみます。自然な日本語になるように注意しましょう。

問　あなたがこれまでにリーダーシップを発揮して困難な物事に取り組んだ事例を挙げ、成長できたこと、課題と感じたことを述べなさい。また、その経験を、今後にどう活かせるかについてもあわせて記述しなさい。（1000字程度）

解答例　私がリーダーシップを発揮して困難な物事に取り組んだ事例は、大学の合唱部で演奏会を開くに当たり、30万円分の広告を集めたことである。大学3年生の時に開催した演奏会は、それまでとは異なり大型のホールを借り切ったため、経費がかかり、プ

ログラムに載せる広告を多数集めることが担当者の使命であった。私は自ら手を挙げて広告担当のリーダーとなり、当初、目標は20万円と定めた。しかし、過去の演奏会では広告による収入は数万円程度の実績しかなく、実現は極めて困難であった。私は7人のチームを編成し、飲食店、個人商店などの営業担当を割り振り、私も含めた全員で営業活動を進めていった。しかし、反応ははかばかしくなく、演奏会が近づいても目標に遠く及ばなかった。部員の士気も次第に低下し、打ち合わせに出てこなくなるメンバーもいた。

そこで、私はメンバー全員に改めて集まってもらい、広告集めを必ずやりきる決意を伝え、今後の方策について議論した。その結果、反応が良くなかった店舗を再度訪問して、今後なるべく食事等で利用することを伝えるなど、店側にもメリットのある提案をすること、その上で、実際に友人等を連れて店舗を利用する、などの戦略が決まった。これを受けてメンバー達も改めて動きが活発になって、連日営業を行った。最終的に32万円分の広告が集まり、プログラムは広告で一杯になった。

私はこの経験を通して、積極性を身につけることができ、成長を実感できた。それまで、自分からリーダー役を引き受けることはなかったが、今回は自ら手を挙げてリーダーとなり、メンバーと一丸となってやり遂げることができた。この経験は私の自信となり、それまでの消極的な姿勢を打ち破ることができた。

一方で、私が課題と感じたことは、メンバーの士気を保ち続けることである。営業活動が困難であることは初めから想定できたことだ。当初から、こまめに声かけを行い、課題点を聞き取って、全員で解決策を考えていれば、もっと上手くいった可能性がある。

この経験は、今後社会人として仕事をする上でも大いに活かすことができる。会社の中ではチームで一つの仕事を進める機会が多くある。そのような場合、私は積極的にリーダー役を引き受けたい。チームの目標ややるべきことなどを掲げ、メンバーを引っ張っていく。同時に、リーダーとしてメンバーそれぞれの動きをみて、途中で士気が低下しないように気を配りたい。上手くいっていない人がいれば、こちらから声をかけてフォローするほか、全体ミーティングを開いて問題点を明らかにし、解決する。リーダーとして、メンバー全員が一貫して高い士気の元、仕事ができるように働きかけていきたい。

この解答例では、すでに述べたように、四つの聞かれていることがあります。

「これまでにリーダーシップを発揮して困難な物事に取り組んだ事例を挙げる」
「成長できたことを述べる」
「課題と感じたことを述べる」
「その経験を、今後にどう活かせるかについてもあわせて記述する」

できあがった答案は、これらのすべてに答えられています。また、それぞれの項目の中に書かれていることの具体性が高く、頭の中にイメージがすぐに浮かびます。各項目の字数のバランスも的確であり、よく書けています。

本題から書き始めると唐突な場合の構成をどう立てるか

もう一つ練習問題に取り組み、答案を書く手順を身につけましょう。

練習問題3

問　患者さんの満足度向上のために、病院としてどのように取り組むべきか、考えを述べなさい。（1000字程度）

病院の採用試験で出そうな問題です。病院職員の昇進試験でも出題される可能性があります。

1　問題文の趣旨を正確に理解する

この問題文の場合、出題の把握は難しくありません。問われていることは、「患者さんの満足度向上のために、病院としてどのように取り組むべきか」、この一つだけです。また、注目すべきキーワードは「満足度向上」です。患者さんが、「この病院はとても良くしてくれる、この病院を選んで良かった」と満足してもらえる度合いを高めていくということです。例えば待ち時間が短い、治療方針を分かりやすく説明してくれる、スタッフが親切に接してくれる、といったことが考えられるでしょう。

2　問われていることを元に、構成を立てる

今回の場合、聞かれていることは一つしかありません。ですから、これまでの考え方を適用すると「患者さんの満足度向上のために、病院としてどのように取り組むべきか」を答えることにほぼすべての字数を使い、必要であれば、最後に全体をまとめる段

落をつける、という構成になります。

しかし、このような「取り組み」を聞いている問題の場合、いきなり「病院として取り組むことは一つ目にこうである……」と本題から書き始めると、やや唐突な印象を与えます。そこで、初めの段落では「そのことに取り組む意義や、問題の背景」などを簡単にまとめ、第二段落から「病院として取り組むことは一つ目にこうである……」と書き始めた方が良いでしょう。そして最後にまとめの段落を持ってきます。

第二講でも述べましたが、「取り組み」を聞く出題は、公務員試験、教員試験、昇進試験で広く出題されます。

「行政として、循環型社会実現のためにどう取り組むべきか述べよ」

「教員として、子ども達の社会性を育むためにどのように取り組むべきか答えよ」

「管理職として、人材育成にどう取り組んでいくか述べよ」

例えば、このような出題です。いずれの問いかけにも共通して言えることですが、そのことに取り組む意義があり、それができていない現状があるからこそ、「……にどう取り組むか答えよ」という出題がなされているわけです。

今回の出題で言えば、「患者さんの満足度向上」は、病院経営上とても重要なことです。しかし、現状ではまだ十分にできていないからこそ、「患者さんの満足度向上のために、病院としてどのように取り組むべきか」と出題されているのです。ですから、「患者さんの満足度向上に取り組む」ことがなぜ大事なのかを、冒頭で説明することで、答案全体の納得感が高まります。

＊患者さんの満足度向上に取り組むことの意義や、問題の背景

問：患者さんの満足度向上のために、病院としてどのように取り組むべきか

・全体のまとめ

このタイプの出題は、上記のような三段構成が有効です。今回のように、「患者さん

の満足度向上のために、病院としてどのように取り組むべきか」と、聞いていることが一つだけの場合で、なおかつ、１０００字程度も字数がある場合は、以上のように変則的に対応した方が良いでしょう。

字数のバランスとしては、当然、問いかけの答えである、「問：患者さんの満足度向上のために、病院としてどのように取り組むべきか」を一番厚めにします。結果として、答案の構成は以下のようなイメージになります。

＊患者さんの満足度向上に取り組むことの意義や、問題の背景

問：患者さんの満足度向上のために、病院としてどのように取り組むべきか

・全体のまとめ

3 「主張」「理由」「具体例」を基本に材料を集め、下書きを作る

では、この構成をもとに、それぞれの項目に書くべき材料を出してみましょう。今回は、病院職員の昇進試験という想定で考えてみます。

まずは一つ目の項目に主張を立てます。この項目は、出題の問いかけがないのですが、「それに取り組むことの意義や、問題の背景」を設定しています。患者さんの満足度向上に取り組むことにはどういう意味があるのでしょうか。それにはどのような背景があるのでしょうか。その観点から材料を出します。

やり方は、二つあります。まず、一つ目の項目について、「主張」「理由」「具体例」を立ててから、次の項目の材料を出すというやり方です。また、先に三つの項目の「主張」を立てて、全体像をはっきりさせてから、「理由」「具体例」を書き入れる、というやり方でも良いでしょう。今回は先にすべての項目に「主張」を立てる、という考え方

で進めてみます。

＊患者さんの満足度向上に取り組むことの意義や、問題の背景
主張＝満足度向上に取り組むことは大変重要であり、経営上の課題

問：患者さんの満足度向上のために、病院としてどのように取り組むべきか
主張1＝医療行為に対して確実に説明を行い納得してもらう
主張2＝病院で働くスタッフの接遇の水準を高める

・全体のまとめ
主張＝私も主任として患者さんのために何ができるかを考えながら、業務にあたっ

ていきたい

これで、答案全体の方向性が見えてきました。さらにそれぞれの「主張」を、「理由」「具体例」で補強していきます。

初めの「主張＝満足度向上に取り組むことは大変重要であり、経営上の課題」に対しては、理由として、医療機関の口コミサイトが多数存在し、患者さんからの評判に敏感にならざるを得ないこと、医療機関が患者さんから選別される時代であることなどが、挙げられるでしょう。それを書き込みます。

＊患者さんの満足度向上に取り組むことの意義や、問題の背景

主張＝満足度向上に取り組むことは大変重要であり、経営上の課題

理由＝医療機関の口コミサイトが多数存在し、病院の悪評が広まると、患者さんからは忌避される

・医療機関が患者さんから選別される時代であり、満足度を高めることが重要であるから

理由の中で、「医療機関の口コミサイトが多数存在し……」など、かなり具体的な話が出たので、さらに具体例を挙げる必要はなさそうです。一つ目の項目はこれくらいあれば良いでしょう。

もし、はじめの材料出しが、

理由＝医療機関が患者さんから選別される時代であり、満足度を高めることが重要であるから

これだけで終わったら、「具体的にどういうことか」という疑問がわくので、その場合は、

具体例＝医療機関の口コミサイトが多数存在し、病院の悪評が広まると、患者さんからは忌避される

など、具体例で補うようにします。「この内容で読んだ人の頭の中にイメージがすぐわくか」を基準に材料を集めるようにします。

次に、「患者さんの満足度向上のために、病院としてどのように取り組むべきか」の問いかけの「主張1、2」について材料を出してみましょう。材料を出すときは、「な

ぜ、その取り組みが大事なのか＝理由」「どうしたらよいのか＝具体例」という順番で考えると分かりやすいでしょう。まず、「主張1」の材料出しです。

問：患者さんの満足度向上のために、病院としてどのように取り組むべきか
主張1＝医療行為に対して確実に説明を行い納得してもらう
理由＝インフォームドコンセントが十分とはいえない面があるから
具体的にどうしたらいい？＝病院として方針を定め、スタッフに対し「すべての医療行為について確実に説明を行い、患者さんに理解してもらうこと」を徹底させる。
患者さんが質問しやすい雰囲気を作る
・このような方針は、朝礼やミーティングなどを通して定期的に現場に伝えて定着を図る。新人や異動者の指導時にも必ず伝える

これでもある程度材料が出ていますが、傍線部の「十分とはいえない面がある」「患者さんが質問しやすい雰囲気を作る」の部分は、はっきりしたイメージがわかず、引っかかります。「十分とはいえない面がある」とは、具体的にどういうことか？「患者さ

んが質問しやすい雰囲気を作る」とは、具体的にどうするのか？が見えません。

第二講でも見てきたとおり、読み手の頭にはっきりしたイメージがわかないと、納得感が生まれず、どうしても評価が下がります。二つ目の記入欄は、「患者さんの満足度向上のために、病院としてどのように取り組むべきか」という問いかけに答える、一番大事なところです。大事なところは、必ずはっきりとしたイメージがわく状態にしておきます。例えば次のようにして、さらに具体性を高めます。

問：患者さんの満足度向上のために、病院としてどのように取り組むべきか

主張1＝医療行為に対して確実に説明を行い納得してもらう

理由＝インフォームドコンセントが十分とはいえない面があるから

具体的には？＝ある患者さんから「治療の説明を受けたけれど、難しい言葉ばかりでよく分からなかった」と言われた。これは満足度低下やトラブルに発展する可能性がある

具体的にどうしたらいい？＝病院として方針を定め、スタッフに対し「すべての医療行為について確実に説明を行い、患者さんに理解してもらうこと」を徹底させる。

患者さんが質問しやすい雰囲気を作る
もっと具体的に言うと？＝「分からなかったらいつでも聞いてください」といった言葉を添える
・このような方針は、朝礼やミーティングなどを通して定期的に現場に伝えて定着を図る。新人や異動者の指導時にも必ず伝える

これくらいまで具体化すれば、誰が読んでも「ああ、そういうことか」と納得できます。「問題の意味を理解する」「具体的に書く」という二点は、答案の印象を決定的に左右するので、確実にできるようになりましょう。

このあとの内容についても、材料を出して整理します。

主張2＝病院で働くスタッフの接遇の水準を高める
理由＝医療スタッフの対応一つで病院の印象は大きく変わる。そっけない対応をしたり後回しにしたりすると、口コミサイトに書かれるから

具体的にやること1＝年に一度、外部の専門家を呼んで接遇の研修を実施する
例えば何をする?＝言葉遣い、声のトーン、身だしなみ、立ち居振る舞いなどを指導
具体的にやること2＝業務ミーティングの中でも、接遇面の問題点について取り上げ、改善を図る
例えば何をする?＝患者さんからの不満を報告し、どうすべきであったか議論する

・全体のまとめ
主張＝私も主任として患者さんのために何ができるかを考えながら、業務にあたっていきたい

これくらいまで材料が具体化できていれば、答案としてまとめられます。

問　患者さんの満足度向上のために、病院としてどのように取り組むべきか、考えを述

べなさい。（1000字程度）

解答例　患者さんの満足度向上に取り組むことは大変重要であり、経営上の課題である。近年、インターネット上には医療機関の口コミサイトが多数存在している。ひとたび、こうしたサイトに不満が書き込まれると、病院の悪評が広まり、患者さんからは忌避されることとなる。医療機関が患者さんから選別される時代であり、満足度を高めていくことは一段と重要になっている。以上のことを踏まえ、当院として、満足度向上のために次の二点に取り組んでいくべきである。

一つ目に、一つ一つの医療行為に対して確実に説明を行い、納得してもらうことである。インフォームドコンセントは医療の基本であるが、現状では十分とはいえない面がある。以前ある患者さんから「治療の説明を受けたけれど、難しい言葉ばかりでよく分からなかった」と言われたことがある。このようなことは、患者さんの満足度低下につながることはもちろん、説明が理解できないまま治療が進み、トラブルに発展する可能性もある。そこで、病院として方針を定め、スタッフに対し「すべての医療行為について確実に説明を行い、患者さんに理解してもらうこと」を徹底させるべきである。また、単に説明するだけでなく、「分からなかったらいつでも聞いてくださいね」といった言葉を添えるなど、患者さんが質問しやすい雰囲気を作ることも必要である。このような方針は、朝礼やミーティングなどを通して定期的に現場に伝えて定着を図る。このほか、新人や異動者の指導時にも必ず伝えることとし、スタッフの意識を高めていくべきである。

二つ目に、病院で働くスタッフの接遇の水準を高めていくことである。医療スタッフの対応一つで病院の印象は大きく変わる。忙しいからと言ってそっけない対応をしたり後回しにしたりすると、たちまち口コミサイトに書かれることとなる。医療機関もサービス業の一種であり、接遇面で気を配る必要がある。具体的な方策として、年に一度、外部の専門家を呼んで接遇の研修を実施すべきである。言葉遣い、声のトーン、身だしなみ、立ち居振る舞いなどを指導してもらい、日々の業務の中に活かしていく。また、日常の業務ミーティングの中でも、接遇面の問題点について取り上げ、改善を図ることが大切である。現場で見聞きした患者さんの不満などを報告しあい、どうすべきであったかをメンバーで議論し、満足度向上につなげていく。

以上の取り組みを成功させるためには、すべての医療スタッフが満足度向上の意識を持つことが必要である。私も主任として患者さんの満足度向上のために何ができるかを考えながら、業務にあたっていきたい。

完成した答案は、「患者さんの満足度向上のために、病院としてどのように取り組むべきか」という出題の趣旨をしっかりと捉えて書けています。取り組み内容も具体的であり、評価できます。

材料出しの作業は、初めは時間がかかるでしょうが、慣れてくれば、短時間でできるようになります。小論文試験を受ける人は、まずは、一連の基本的な手順を身につけるようにしましょう。

短い字数の時は、本題のみを書く

今回の出題は「1000字程度」という指定であったので、答案の冒頭に「患者さんの満足度向上に取り組むことの意義や、問題の背景」をおきました。これがもし400字程度という指定であったらどうでしょうか。エントリーシートや履歴書、考課表などの場合、300〜400字程度、場合によってはもっと短い字数で書くこともあるでしょう。その場合は、字数が限られますから前置きなどを書いている余裕はありません。

短い字数の場合を想定して、改めて、手順に沿って考えてみましょう。

「1　問題文の趣旨を正確に理解する」は先ほどと同じですが、「2　問われていることを元に、構成を立てる」の方は、考え方を変えます。

「問：患者さんの満足度向上のために、病院としてどのように取り組むべきか」これに答えることに集中します。400字程度ですから、前置きも、全体のまとめもいりません。答案の構成としては、真ん中の部分だけを取り出します。

限られた字数なので、その中の材料についても、取捨選択が必要です。先ほどの下書きでは、「主張」に対して、「理由」「具体例」で話を補っていますが、この中で大事なのは、どれでしょうか。「主張」は文章の基本ですから落とせないとして、「理由」と「具体例」はどちらが大事でしょうか。出題で聞いていることは、「病院としてどのように取り組むべきか」ですから、「具体的にこういうことに取り組むべき」という「具体例」の方が大事です。迷ったら常に出題に返り、「何を聞かれているのか」をよく考えます。この考えの元に、下書きを作ると、以下のようになります。

＊400字程度の短い字数の場合の下書き

問：患者さんの満足度向上のために、病院としてどのように取り組むべきか
主張1＝医療行為に対して確実に説明を行い、納得してもらう
具体的にどうしたらいい？＝病院として方針を定め、スタッフに対し「すべての医療行為について確実に説明を行い、患者さんに理解してもらうこと」を徹底させる。患者さんが質問しやすい雰囲気を作る
もっと具体的に言うと？＝「分からなかったらいつでも聞いてください」といった言葉を添える
・このような方針は、朝礼やミーティングなどを通して定期的に現場に伝えて定着を図る。新人や異動者の指導時にも必ず伝える
主張2＝病院で働くスタッフの接遇の水準を高める
具体的にやること1＝年に一度、外部の専門家を呼んで接遇の研修を実施する
例えば何をする？＝言葉遣い、声のトーン、身だしなみ、立ち居振る舞いなどを指導
具体的にやること2＝業務ミーティングの中でも、接遇面の問題点について取り上

げ、改善を図る
例えば何をする?＝患者さんからの不満を報告し、どうすべきであったか議論する

これを元に答案を書いてみましょう。

問　患者さんの満足度向上のために、病院としてどのように取り組むべきか、考えを述べなさい。（４００字程度）

解答例　患者さんの満足度向上に向けて、当院として次の二点に取り組むべきである。まず、一つ一つの医療に対して説明を行い納得してもらうことを徹底する。病院として方針を定め、スタッフに「すべての医療行為について確実に説明を行い、患者さんに理解してもらうこと」を実行させる。また、「分からなかったらいつでも聞いてください」と添えるなど、質問しやすい雰囲気を作ることも必要である。この方針は、朝礼やミーティングなどを通して定期的に現場に伝えて定着を図るほか、新人や異動者の指導時にも必ず伝えることとし、スタッフの意識を高めていく。
さらに、接遇の水準を高めていくことにも取り組むべきである。例えば年に一度、外

部の専門家を呼んで接遇の研修を実施し、言葉遣い、声のトーン、身だしなみ、立ち居振る舞いなどを指導してもらう。このほか、日常の業務ミーティングの中でも、接遇面の問題点について取り上げ、改善を図り、満足度向上につなげていくべきである。

字数が短いときは、即本題から入ります。短い字数の場合は、三段、あるいは四段構成などをとっている余裕はありませんから、特に「文章の型」は役に立ちません。本書で繰り返し指摘しているように、「聞かれていること」を元に考えるようにすれば、どのような字数であっても対応できます。

第四講　答案の印象を変える技八選

第一講から第三講までで、文章を書くときに必ず身につけておきたい基本を押さえました。この基本を身につけた後は、さらに質の高い文章にするために、技術的なことも含めて学んでいきましょう。ここまで来たら、文末表現の工夫や、接続詞の使い方など、テクニカルなこともかなり意味を持ちます。

1　複数のことを書くときは、カテゴリー分けする

部屋の中は整理整頓をしないと、どこに何があるのか分からなくなります。同じように、文章も散らかった状態だと何を言おうとしているのか分かりにくくなります。整理をして書くことが大事です。次の文例を見て下さい。

問　市の財政を持続可能なものとするために、どのように取り組むべきか考えを述べな

さい。

解答例　人口減少が進む中で、市の財政は厳しさを増しており、持続可能性を考慮した取り組みを進めていくことが求められる。

例えば、老朽化した市の建物や橋などは、補強などを行って安全性を確保して、建て替えではなく延命で対処すべきである。これにより、建て替えのコストを減らすことができる。また、企業誘致にも力を入れるべきだ。市内に工業用地を整備するなどして、進出企業を増やすことが大事だ。また、行政サービスの見直しも大切である。時代と共に役割を終えた公共サービスがないかを洗い出し、縮小、廃止などを検討して、行政のスリム化を進めていくべきである。このほか、市内に移住する人を増やすことも求められる。市内に移住する人が増えれば住民税などの税収が増える。このため、都市部で定期的に本市への移住の説明会を開くとともに、移住相談の窓口を設けて、移住希望者の住まいや仕事についてサポートを行うことが効果的である。

公務員試験などにありそうな出題です。この答案の場合、いろいろなことがランダムに書かれているので、話の内容が頭に入りにくいと感じます。文章を書くときは、話を整理するようにします。

第二段落に書かれている「取り組み」は、以下の四つの要素に分けられます。

・老朽化した市の建物や橋などは、補強などを行って安全性を確保して、建て替えではなく延命で対処する

・企業誘致に力を入れる。市内に工業用地を整備するなどして、進出企業を増やす

・行政サービスの見直し。時代と共に役割を終えた公共サービスがないかを洗い出し、縮小、廃止を検討

・市内に移住する人を増やす。移住の説明会を開くとともに、移住相談の窓口を設ける

四つの要素をただ書くのではなく、同じような話はひとまとめにして書くと頭の中が整理されます。カテゴリー分けをするのです。では、どう分ければ良いでしょうか。目的が税収増なのか、支出減なのかで分けると、すっきり二つに整理することができそうです。

○税収増を目的としたもの
・企業誘致に力を入れる。市内に工業用地を整備するなどして、進出企業を増やす
・市内に移住する人を増やす。移住の説明会を開くとともに、移住相談の窓口を設ける
○支出減を目的としたもの
・老朽化した市の建物や橋などは、補強などを行って安全性を確保して、建て替えではなく延命で対処する
・行政サービスの見直し。時代と共に役割を終えた公共サービスがないかを洗い出し、縮小、廃止を検討

「工業用地を整備する」ことや「移住の説明会を開く」ことは、一時的に費用はかかりますが、住民や企業が増えれば、結果として税収を増やすことが出来ます。このように、目的が税収増なのか、支出減なのかで整理して、文章を書き直してみます。

問　市の財政を持続可能なものとするために、どのように取り組むべきか考えを述べなさい。

解答例　人口減少が進む中で、市の財政は厳しさを増している。持続可能性の観点から、次の二つの対策に取り組むべきである。

まず、税収増加へむけた施策を進めていくことが重要である。市内に移転する人や企業が増えれば税収増が期待できるため、本市への誘致に力を入れるべきである。都市部で定期的に本市への移住の説明会を開くとともに、移住相談の窓口を設けて、移住希望者の住まいや仕事についてサポートを行うと良い。また、企業に対しては、市内に工業用地を整備するなどして、積極的な誘致を図る。働く場所が増えることで、移住希望者も一層の増加が見込まれる。

一方で、支出を減らす取り組みも進めるべきである。例えば、老朽化した市の建物や橋などは、補強などを行って安全性を確保し、建て替えではなく延命で対処する。また、時代と共に役割を終えた公共サービスがないかを洗い出し、縮小、廃止などを検討し、行政のスリム化を進めていくべきだ。


こうすると話がすっきりし、頭に入りやすくなります。複数のことを文章に書く場合は、カテゴリー分けをして、整理してから書くようにします。

2　一つの段落に書くことは、一つのテーマに絞る

カテゴリー分けはできていても、頭に入りにくい答案もあります。例えば次のようなケースです。

問　あなたは入社後どのような姿勢で業務に臨みたいと考えるか、述べなさい。

解答例　私は入社後、以下の姿勢を大切にして業務に臨んでいきたい。

一つ目は、チャレンジ精神とリーダーシップを発揮することである。業務に対して現状維持の気持ちで臨んでいたら成長は望めない。私は、新しいこと、難しいことにも果敢にチャレンジする姿勢を持ち続けていたい。また、単に自分がチャレンジするだけでなく、周りの人も鼓舞できるような存在でありたい。リーダーシップを発揮し、チーム全体を引っ張っていける存在になりたい。

二つ目に、誠実さと、周囲との積極的なコミュニケーションを大切にする。自分の成績を伸ばしたいからと言って、不正な手段を使ったり、嘘をついたりしてはならない。お客様、取引先、職場の仲間など、すべての人に対して誠実でありたい。また、仕事は

自分一人でできることではないので、周囲の人とのコミュニケーションも積極的に取り、良好な人間関係を築きながら業務を進めていきたい。

この答案の場合、「入社後どのような姿勢で業務に臨みたいと考えるか」の答えは、「一つ目に」「二つ目に」という形で、整理はしています。しかし、「一つ目」には「チャレンジ精神」と「リーダーシップ」、「二つ目」には「誠実さ」と「周囲との積極的なコミュニケーション」と、各段落に二つのキーワードを入れています。一つの段落に複数のキーワードを入れると、焦点がボケて頭に入りにくくなってしまいます。たくさんキーワードを詰め込んだからと言って高評価になるわけではありません。

この点を理解してもらうために、次の文例を見てください。

問　あなたの心に残った旅行先を挙げてください。

解答例　私の心に残った旅行先は、函館である。夜景の印象が素晴らしかった。また、岐阜の白川郷で見た合掌造りも忘れられない。徳島の奥地にある落合集落も心に残る場所である。さらに、落ち着いた城下町の風情が見られる大分・杵築《きつき》も印象深い旅先であった。

この文章は、一つの段落に「函館」「白川郷」「徳島の奥地にある落合集落」「大分・杵築」の四つの旅行先が入っており、一つ一つの印象が薄くなってしまいます。これを読んだ人は、10分もしたら忘れてしまい、「ところで、どこが心に残ったんでしたっけ?」と聞き返すことになるでしょう。言いたいことを相手に印象づけるためには、内容を絞ることが大事なのです。

問　あなたの心に残った旅行先を挙げてください。

解答例　私の心に残った旅行先は、函館である。ロープウェイから見た夜景は、暗闇に宝石をちりばめたようで、息をのんだ。翌朝は、レンガ倉庫の通りを歩き、その後で海鮮丼を食べたが、イカやホタテ、いくらがどんぶり一杯に乗って大満足だった。函館は今でも忘れられない街である。

このように話を一つに絞った方が、中身がしっかりと伝わりますし、これならば、読んだ人も「行ってみたい」と思うでしょう。

原則として、一つの段落では一つのテーマに絞るようにし、それについて詳しく説明して中身を充実させます。初めの文章を書き換えると、次のようになります。

問　あなたは入社後どのような姿勢で業務に臨みたいと考えるか、述べなさい。

解答例　私は入社後、以下の姿勢を大切にして業務に臨んでいきたい。

一つ目は、チャレンジ精神である。業務に対して現状維持の気持ちで臨んでいたら成長は望めない。例えば、新規プロジェクトを提案してやり遂げる、高い業務目標を設定して達成するなど、新しいこと、難しいことにも果敢にチャレンジする姿勢を持ち続けたい。

二つ目に、誠実さである。自分の成績を伸ばしたいからと言って、不正な手段を使ったり、嘘をついたりしてはならない。一方、自分に落ち度があったときは率直に認め、速やかに報告することを心がける。お客様、取引先、職場の仲間など、すべての人に対して誠実でありたい。

各段落は、「チャレンジ精神」「誠実さ」という一つのキーワードでまとめられ、それぞれの中身が詳しくなりました。焦点が絞られ、具体性が増したことで、読み手の理解や納得感が高まります。一つの段落は、ワンテーマに絞る、ということを心がけます。

3　大事なこと、効果的なことから先に書く

答案で何か複数のことを挙げる場合、どういう順番が良いかを考えて書くようにします。まず、次の文例を見てください。

問　子どもの貧困対策として、どのようなことに取り組むべきか述べなさい。

解答例　子どもの貧困対策として、子ども食堂やフードバンクのような活動を広げていくことが挙げられる。貧困家庭の子どもは十分な栄養を取れていないことがあるからだ。子ども食堂やフードバンクなどの活動をしている団体に、個人や企業が寄付をしたり、行政が運営費を補助したりして、活動を支援していくべきである。

また行政は、貧困家庭に対して、公営住宅に低家賃で住めるようにすることや、教育費を助成することに加え、親の就労支援も積極的に行っていくべきである。ただし、こ

のような支援策を知らない人や、知っていても自分から相談に行かない人もいる。そこで、気になる家庭には、民生委員などが訪問して相談に乗るなど、行政の側からのアプローチも重要である。

この答案の場合、「子どもの貧困対策」について、二つの段落に分けて具体的に書くことができています。しかし、書く順番はこれでいいでしょうか。子ども食堂やフードバンクの活動は、ボランティアやNPOなどによって行われているものです。それを最初に持ってきて良いかどうかという問題があります。子どもの貧困対策は、子どもの権利や幸福に関わることですから、本来は、行政が中心となって解決すべきことです。民間の活動ではできることに限りがあります。どんなに良い活動でもすべての子ども達には行き渡りません。そういう意味で、民間の活動を先に持ってくるのは、違和感があります。今回のように複数の取り組みを並べて書く場合は、大事なこと、効果的なことから先に書くようにします。

問　子どもの貧困対策として、どのようなことに取り組むべきか述べなさい。

解答例　子どもの貧困対策として、まず行政が、貧困家庭に対して支援を行う必要がある。公営住宅に低家賃で住めるようにすることや、教育費を助成することに加え、親の就労支援も積極的に行っていくべきである。ただし、このような支援策を知らない人や、知っていても自分から相談に行かない人もいる。そこで、気になる家庭には、民生委員が訪問して相談に乗るなど、行政の側からのアプローチも重要である。

また、子ども食堂やフードバンクのような活動を広げていくことも取り組みとして挙げられる。貧困家庭の子どもは十分な栄養を取れていないことがあるからだ。このような活動をしている団体に、個人や企業が寄付をしたり、行政が運営費を補助したりして、活動を支援していくべきである。

こちらの答案であれば、大事なことから先に書いてありますので、すんなりと納得できます。

4　文末表現で差をつける

文章は、ちょっとした表現で印象が大きく変わります。ここでは、文末表現に注目してみましょう。文末には述語が来ますが、述語は、文章の基本構造である「主語＋述語」のうちの一つであり、文章の要となる部分です。この部分の表現は、読み手の印象を左右します。

志望理由書、エントリーシート、昇進試験などで、よくある出題を例にとってみます。

問　あなたの持つ強みについて述べてください。

解答例　私の強みは、一度決めた目標をやり遂げることができる点だと考える。昨年度は「後輩の育成に力を入れる」ことを目標として立てたが、担当した新人は全員が業務で独り立ちできており、目標は達成することができたと思う。また、もう一つの目標であった、「新製品を企画する」についても、年間で三件の提案を出しており、達成できたものと考える。このように、私の目標遂行力は、高いといえるだろう。

文末に「と考える」「と思う」などの表現を何度も使う人がいますが、これらは、断定を避けた「逃げ」の表現です。自信のない印象になるだけで、マイナスの効果しかありません。ましてや、問では「あなたの持つ強みについて」聞いているわけですから、こんな書き方をしたら、せっかくの強みが十分に伝わりません。はっきりと断定的に言い切る形にします。

問　あなたの持つ強みについて述べてください。

解答例　私の強みは、一度決めた目標はどのようなことであってもやり遂げることができる点だ。昨年度は「後輩の育成に力を入れる」ことを目標として立てたが、担当した新人は全員が業務で独り立ちできており、目標を達成することができた。また、もう一つの目標であった、「新製品を企画する」についても、年間で三件の提案を出しており、達成できた。このように、私には高い目標遂行力がある。

こちらの方が、全体的に力強い印象になり、「なるほど、こういう強みがあるのだな」、と納得できます。小論文にしても、志望理由書にしても、自分の考えを相手に伝えるための文章です。自信を持って、はっきりと言い切るようにしましょう。

「私の強み」に限らず、例えば、「少子化対策としてどのようなことを進めるべきか答えなさい」というような、社会的なテーマであっても同じです。

「子育て家庭への金銭的な支援、奨学金制度の充実に取り組むべきである」というように、はっきりと言い切ります。こういうところで、「子育て家庭への金銭的な支援、奨学金制度の充実に取り組むべきだと考える」などのような表現を使うと、自分の考えに自信がないという印象を与えます。

なお、「私の考えはこうだ」ということを強調したい場面では「私は……と考える」という表現を使ってもかまいません。あるいは、推測になる場合などは「……と思われる」という表現を使うこともあるでしょう。これらの表現を絶対に使ってはいけないということではなく、状況に応じて判断してください。

また、文末は、同じ表現が連続しがちです。例えば、次のような場合です。

問　働き方改革にどのように取り組んでいくべきか、考えを述べよ。

解答例　働き方改革を進める上で、まず、時間外労働の削減に取り組むべきである。例えば、会議をなくしてメールでの連絡に切り替えるなど、業務上の非効率な点を見直して、所定労働時間内に仕事が終わるように取り組んでいくべきだ。また、有給休暇を取得しやすい環境作りにも取り組むべきである。社員に対して、早めに休暇の希望を出すように伝えて、業務の調整を行い、有給休暇を取りやすくすべきである。

「取り組み」を書くときに起きやすいのですが、このように、文末で何度も同じ表現が繰り返されることがあります。そうなると、単調な印象になってしまいます。表現のバリエーションをいくつか持っておき、文末表現に変化を持たせるようにしましょう。

問　働き方改革にどのように取り組んでいくべきか、考えを述べよ。

解答例　働き方改革を進める上で、まず、時間外労働の削減に取り組む必要がある。例えば、会議をなくしてメールでの連絡に切り替えるなど、業務上の非効率な点を見直して、所定労働時間内に仕事が終わるようにすべきだ。また、有給休暇を取得しやすい環境作りも求められる。社員に対して、早めに休暇の希望を出すように伝えて、業務の調整を行い、有給休暇を取りやすくすることが大切である。

こちらの場合は、文末に変化があり、単調な印象は受けません。

もちろん一番大事なのは、「書いてある中身」ですが、その部分がしっかり書けるようになったら、このような文末表現にも気を配ってみましょう。

5　積極性のある表現、力強い表現で印象づける

志望理由書、エントリーシート、考課表などは自分を売り込むための文章ですから、積極性のある表現を使った方が印象はよくなります。こういう場面で遠慮しても意味はありません。例えば次のようなケースです。

問　あなたが取り組んでいる自己啓発について述べてください。

解答例　私は自己啓発として英語の勉強を続けています。隔週ではあるのですが、英会話学校に通い、ネイティブスピーカーの授業を受けています。また、通勤時には英字新聞や英文の雑誌などにも目を通すようにしており、多少なりとも英語力がアップすればと考えています。休みの日は、検定試験へ向けての学習も行っています。私の英語力を、微力ながら業務で活かしていく所存です。

この文章はやたらと自分を卑下しており、アピールする気があるのかないのか、よく

分かりません。志望理由書などは、「自分はこれだけ頑張っています」ということを、相手にアピールすることが目的ですから、謙遜はせずに、積極的な表現を用いて、相手に印象づけるようにします。

問　あなたが取り組んでいる自己啓発について述べてください。

解答例　私は自己啓発として英語の勉強を続けています。隔週で欠かさず英会話学校に通い、ネイティブスピーカーの授業を受けています。また、通勤時には英字新聞や英文の雑誌などにも目を通すようにしており、できる限り英語力をアップさせようと努力しています。休みの日は、検定試験へ向けての学習も行っています。私の英語力を、業務で大いに活かしていく所存です。

「隔週ではあるのですが」という一歩引いた書き方よりも、「隔週で欠かさず」と書いた方が、頻度としては全く同じであっても、「意欲的に勉強しているのだな」という印象を受けます。同じように、「多少なりとも」よりも、「できる限り」とした方が、意欲が感じられますし、「微力ながら」よりも、「大いに」とした方が、活躍しそうな印象になります。表現の細部に気を配り、よりよい印象を与えるようにしましょう。

○積極的な表現への言い換え例

・メンバーとしてチームの中で役立ちたい
↓メンバーとしてチームの中で積極的な貢献をしたい

・リーダーとして、プロジェクトを成功させたい
↓リーダーとして、プロジェクトを必ず成功させる決意である

・自分の能力を高めることが必要だと考えている
↓自分の能力を高めることが必要だと強く自覚している

・スタッフに対して、声かけを行っている
↓スタッフに対して、声かけを徹底している

・目標を達成したいと考えている
↓目標達成へ向け、強い意欲を持っている

いずれも、言っていることは同じですが、少し表現を変えるだけで、その人の強い意志や、意欲などが感じられるようになります。

6　題名は魅力的なものをつける

レポート、小論文を書くときに、題名をつけなければいけない場合があります。このとき、あまり魅力の感じられない題名をつけてしまう人がいます。例えば次のようなケースです。

問　職場の課題とその解決策について、レポートをまとめてください。なお、題名もつけてください。

解答例

題名：私が考える職場の課題とその解決策

私の職場の課題は、社員のスキルアップに取り組むことである。職場では、これまで研修や勉強会などは行われておらず、社員の知識・能力を高める場が不十分であった。そこで、私は昇格後、以下のことを実行し、社員の能力開発に力を入れたい。

まず、私が主催して、毎月1回、業務で生かせる最新の法令等を学ぶ機会を設けることとする。毎回担当者を決めて、最新の法令について調べてもらい、メンバーの前で発表してもらう。参加者は、分からないことを自由に質問できるようにし、相互のやりとりを通じて理解を深められるようにする。

次に、コミュニケーション術の専門家を招き、職場でワークショップを開催する。営業活動で訪問した際の、挨拶の仕方から、声の出し方、話すスピードなど、コミュニケーション全般にわたって、実演を交えながら学んでもらう。業務ですぐに活かせるような実践的な内容としたい。これらの取り組みにより、社員のスキルアップを図っていきたい。

要点だけを分かっていただくために、ごく簡単なレポートにしてあります。ここで注目したいのは題名ですが、この題名ならば、つけてもつけなくても同じです。出題で、解決策」というのは、当たり前のことであって、ほとんど問題文の繰り返しに過ぎません。

題名とは、いわば看板ですから、中に何が書いてあるのか、一読してすぐに分かるようなものをつけます。このレポートは、勉強会・研修をするというのがポイントです。

ですから、例えばですが、

「題名：部内勉強会・研修を実施し、社員の業務知識を高める」

にすれば、何が書いてあるのか、一読してすぐ分かります。

ただ、これではまだ硬いです。題名をつけるときは、先を読みたくなるような魅力的なものにします。週刊誌でもそうですが、面白そうな見出しがついているからこそ、読みたくなります。例えば、次のようにしてみたらどうでしょう。

「題名：部内勉強会・研修により、社員の大幅スキルアップを目指す」

「大幅スキルアップ」と書いてあるので、読み手としては「どういうことをするのだろう」と興味がわきます。

もう一歩踏み込んで、

「題名：部内勉強会・研修会を新設し、社員の大幅スキルアップを目指す」

にすると、さらに良くなります。「新設」と書いてあると、「新しいことを始めるのだな」ということが分かります。新しいことには誰しも興味を持ちますから、「何をするのだろう」とさらに惹きつけられます。

「題名：私が考える職場の課題とその解決策」

「題名：部内勉強会・研修会を新設し、社員の大幅スキルアップを目指す」

この二つでは、一読したときの印象が全く違います。後者の方は、題名を読んだ時点でイメージがわきますし、読んでみたいなと思うはずです。ちょっとしたことですが、題名をつけるときは、このような一工夫をするようにしましょう。ただし、答案の中身が薄く、看板倒れでは意味がありませんから、題名に負けないように中身も充実させるべきであることは言うまでもありません。

7　接続詞などでメリハリをつける

読みやすい文章は、話の展開が分かりやすく整理されています。先に挙げた、カテゴリー分けもそのテクニックの一つですが、接続詞などを使うことも効果的です。話が整理され、内容が頭に入りやすくなります。

まず、次の文を見てください。

社内連絡メール例

次回のミーティングで持参して頂きたいものをご連絡します。先日お配りした資料と、営業用のパンフレットは必須です。パンフレットの中には訂正文が挟まっていますのでこちらも持参してください。パンフレットをお客さまにすでに渡してしまった人は、総務の方に申し出て、再度受け取ってください。数に限りがあります。これまでに営業活動で訪問した先のリストについても持参必須です。忘れないようにしてください。営業スタッフの態度について、一部のお客様からクレームの電話がありました。言葉遣い、身だしなみなど、今一度注意して頂くようにお願いします。客先で不当な扱いを受けたケースがあれば、社内で情報共有しますのでミーティングで報告をしてください。

一応、文章にはなっているのですが、今ひとつ理解しにくいメール文です。接続詞が使われていないので、話の展開が分かりにくいからです。文章を書くときは、適宜接続詞や順序を示す言葉を補って、読み手が理解しやすくなるようにします。

接続詞などを使った文章例

次回のミーティングで持参して頂きたいものをご連絡します。まず、先日お配りした資料と、営業用のパンフレットは必須です。パンフレットの中には訂正文が挟まっていますのでこちらも持参してください。なお、パンフレットをお客さまにすでに渡してしまった人は、総務の方に申し出て、再度受け取ってください。ただし、数に限りがあります。次に、これまでに営業活動で訪問した先のリストについても持参必須です。忘れないようにしてください。ところで、営業スタッフの態度について、一部のお客様からクレームの電話がありました。言葉遣い、身だしなみなど、今一度注意して頂くようにお願いします。一方、客先で不当な扱いを受けたケースがあれば、社内で情報共有しますのでミーティングで報告をしてください。

こちらの文章では、接続詞などが要所要所で使われています。その結果、読み手は次にどういう展開になるのか予想することができます。

文例にあるように、「まず」「次に」という言葉が書かれていれば、「何か複数のことを言おうとしていて、その一つ目（二つ目）だな」ということが分かります。中身を読む前に、話の展開が見えるのです。

「なお」という言葉からは、「何かを付け加えようとしているのだな」ということが分かりますから、そういう意識をもって先を読むことができます。

「ただし」という接続詞からは、「何か条件があるのだな」と分かりますし、「ところで」を読めば、ここから話が大きく変わるのだなと、推測できます。

このように、接続詞や順序を表す言葉があると話の展開が予想できます。これにより、自然と頭の中が整理されていくのです。

話の展開を分かりやすくする言葉には、次のようなものがあります。

順接　そこで、従って、このように

前に書いてあることを理由にして、一般的に矛盾のないことを導き出す場合に使う。

例：日本は人口が減少している。従って、少子化対策が急務である。

逆接　しかし、けれども、だが
前に書いてあることと、一般的には矛盾することを導き出す場合に使う。
例：日本は人口が減少している。けれども、少子化対策を急ぐべきではない。

並列　また、並びに、かつ
二つ以上のものを、同じレベルで並べる時に使う。
例：日本では働き方改革が急務である。また、教育制度の改革も待ったなしである。

転換　さて、ところで
前の話を一旦締めて、全く違う話を始めるときに用いる。
例：私は学生時代、ほとんど研究室にこもりきりで研究を続けていました。そのことに全く後悔はありません。ところで、たまの休みに何をしていたかというと、一日中下宿で寝ていました。

対比　一方、かたや

二つのものを対比するときに使う。

例：東京は今も人口が増え続けている。かたや、地方の町では人口の減少が進み、活力が失われている。

8　問われていることの答えがどこにあるのか分かりやすく伝える

採点者は、問われていることの答えがどこにあるのかに注目しながら文章を読んでいます。答案を書くときは、問いかけの答えを分かりやすく伝えることを心がけましょう。

例えば次のような問があったとします。

問　日本の社会の特質と、それがもたらす影響について、考えを述べなさい。

ここで聞かれていることを整理すると、

・日本の社会の特質

・それがもたらす影響について

この二点になります。

採点者は、「『日本の社会の特質』にはどう答えているかな」「『それがもたらす影響について』はどう書いているかな」という点に注目しながら読んでいます。そこがはっきりしないと、読み終わったときに消化不良になってしまいます。次の答案を見てください。

問　日本の社会の特質と、それがもたらす影響について、考えを述べなさい。

解答例　日本の社会には、ある種の暗黙の了解がある。一人だけ目立つことを嫌い、周りと同じであることをよしとする。例えば会議などではっきり異論を述べると、「波風を立てる人」と見なされ、厄介者扱いされる。教育の世界でも、大学は別にして、全員が一律に進級することが基本である。飛び級や落第はほとんどない。人々の中には、横並び意識が生まれ、斬新な発想やイノベーションがおきにくくなる。独自の発想や個性を打ち出して周囲と軋轢を生むよりも、「みんなと同じことをする」方が、良い選択となるからである。有力なベンチャー企業が日本で生まれてこないのも、そうしたところに原因がある。

この答案の場合、前半部分で、「日本の社会の特質」について、

・一人だけ目立つことを嫌い、周りと同じであることをよしとする
・会議などではっきり異論を述べると、「波風を立てる人」と見なされ、厄介者扱いされる
・全員が一律に進級することが基本である。飛び級や落第はほとんどない

と書いてあり、問いかけには答えています。

また、「それがもたらす影響について」も、後半で、

・斬新な発想やイノベーションがおきにくくなる
・有力なベンチャー企業が日本で生まれてこない

と書いてあります。こちらも、問で聞いていることには答えています。しかし、はっきりと「日本の社会の特質はこうだ」「それがもたらす影響はこうだ」と書いていないので、今ひとつ読み手に伝わりません。

こうした問に答えるときは、問の中にあるキーワード「特質」「影響」を使って書くようにします。「聞かれていることの答えはここにありますよ」と採点者にアピールするように書くのです。

問　日本の社会の特質と、それがもたらす影響について、考えを述べなさい。

解答例　日本の社会の特質は「同質性を求める」ことにある。一人だけ目立つことを嫌い、周りと同じであることをよしとする。例えば会議などではっきり異論を述べると、「波風を立てる人」と見なされ、厄介者扱いされる。教育の世界でも、大学は別にして、全員が一律に進級することが基本である。飛び級や落第はほとんどない。このような特質がもたらす影響として、横並び意識を生み、斬新な発想やイノベーションがおきにくくなることが挙げられる。独自の発想や個性を打ち出して周囲と軋轢を生むよりも、「みんなと同じことをする」方が、良い選択となるからである。有力なベンチャー企業が日本で生まれてこないのも、そうしたところに原因がある。

この書き方なら、読んでいる側としても「聞かれていることの答えはここに書いているな」とすぐに分かります。

●文章を書く時に知っておきたいこと総まとめ

第一講から、第四講まで、文章を書くときに知っておきたい手順と、様々な注意事項を述べてきました。一覧にしておきますので、文章作成の際に活用してください。

○文章を書く時の手順、注意事項一覧

1 問題文の趣旨を正確に理解する

＊①問題文を分解し、「聞かれていること」を整理する、②注意すべき点を考え、「聞かれていること」の意味を正確に押さえる、の2ステップで進める

2 問われていることを元に、構成を立てる

＊基本的には聞かれたとおりの順番に答える

＊出題の意味を考え、大事なところに多めに字数を配分する

＊800字程度の字数なら全体のまとめをつける

＊「取り組み」について書く出題で、聞かれていることが一つだけの場合は、冒頭の段落に「そのことに取り組む意義や、問題の背景」などを書く。ただし400字程度など

解答字数が短い場合は不要
＊一つの段落に書くことは、一つのテーマに絞る
＊複数のことを書くときは、カテゴリー分けして、整理する
＊複数のことを書くときは、大事なこと、効果的なことから先に書く

3 「主張」「理由」「具体例」を基本に材料を集め、下書きを作る
＊「主張」はすべての項目で必須。「理由」「具体例」はどちらか一方で良い場合もある
＊具体化が高評価への鍵。読んだ人の頭の中にサッとイメージがわくように、できるだけ具体的に書く

4 日本語表現に気をつけながら、文章にする
＊曖昧な書き方をせず、はっきりと断定的に言い切る
＊文末で同じ表現が続かないようにする
＊謙遜せずに積極性のある表現を使う
＊題名をつけるときは一読してすぐ中身が分かり、なおかつ、先を読みたくなるような

魅力的なものにする
＊接続詞や順序を示す言葉を使ってメリハリをつけ、話の展開を予想させる
＊問の中にあるキーワードを使って、「聞かれていることの答え」を採点者にアピールする

第五講　文章術の完全習得を目指す　練習問題四選

最後に、練習問題に取り組んで、本書で紹介した文章術を完全に習得しましょう。これから、四つの問題を示します。改めて、どういう手順で、何に注意すべきなのかをよく考えて、文章を作成してください。

ちょっとした材料を魅力的に見せる

第一問

あなたは周りからどのような人だと評価されているか、述べてください。（３００字程度）

エントリーシートや面接カードなどでありそうな出題です。まず、「聞かれていること」を確認します。今回は、

「あなたは周りからどのような人だと評価されているか」の一点だけです。字数が３００字しかないので、最後のまとめの段落はなしで、本題だけを書く形にします。

次に、材料集めをします。初めに「主張」を立てる必要があります。「主張」とはすなわち、聞かれていることに対して一言で言うとこうだ、という答えです。自分をアピールするための書類ですから、当然プラスの評価を書きたいわけですが、こういうときに、「何も思い浮かばない」という人がいます。そういう人は、大抵「とても高い評価」を受けた事例を出さなければいけないと考えています。そういう話があるに越したことはありませんが、なければ、「ちょっと褒められたようなこと」でもいいのです。書き方によって、それを魅力的なものにすることができます。

例えば、

「そういえば、新人が入ったときに、ちょっと仕事を教えたら『よく面倒を見てるね』と言われたことがあったな」

というレベルの話があったとしましょう。「でも大した話ではないし」と謙遜せずに、この素材をしっかりと膨らませていきます。そのためには「主張」に入れる「キーワード」が必要です。「よく面倒を見てるね」と言われたということは、評価としては「面倒見がいい人である」ということになるでしょう。それを「主張」として、立ててみます。

問：周りからどのような人だと評価されているか
主張＝面倒見が良い人だと評価されている

「面倒見が良い人」ということを、説得力を持って相手に伝えるためには、そういえる「理由」や「具体例」が必要です。それらを書き込んでみます。

問：周りからどのような人だと評価されているか
主張＝面倒見が良い人だと評価されている
理由＝**新人や後輩に対して、仕事を教えたり、助言をしたりしているから**
具体例1＝**新人が配属されたときは、業務マニュアルを作成し、仕事のやり方を指導した。業務で困ったときには相談するように伝えた**

具体例2＝他部署の後輩にも、取引先との人間関係の構築の仕方などを助言した

具体例1は、自分の部署の新人に対しての行動ですが、他部署の後輩に対しても助言をしているという「具体例」があると、読み手としては「他部署の人にも助言しているのか。それは確かに面倒見が良いな」と納得感が高まります。たとえ実行した回数が少なくても、もしあるのであれば遠慮せず書き入れます。このような具体例が入ることで、一気に説得力が強くなります。

さらに別の角度から「面倒見が良い人」であることを裏付ける「具体例」を加えてみましょう。問は、「周りからどのような人だと評価されているか」ですから、自分一人が「私は面倒見が良い」と主張しているだけでは弱いのです。周りの人から、このように言われたという「具体例」があると、信憑性が高まります。

例えば、上司から、

「新人の面倒をよく見てくれているね」

と言われたとしましょう。軽い一言であったとしても、裏付けとして活用できます。その要素を入れます。

問：周りからどのような人だと評価されているか
主張＝面倒見が良い人だと評価されている
理由＝新人や後輩に対して、仕事を教えたり、助言をしたりしているから
具体例1＝新人が配属されたときは、業務マニュアルを作成し、仕事のやり方を指導した。業務で困ったときには相談するように伝えた
評価の具体例＝上司から「新人の面倒をよく見てくれているね」と言われた
具体例2＝他部署の後輩にも、取引先との人間関係の構築の仕方などを助言した

これで「面倒見が良い人だと評価されている」という主張が、一段と説得力を持ちました。この答案では、「面倒見が良い」と評価されていることを、相手に納得させたいわけですから、それを裏付ける具体例を、いろいろな角度から書いていきます。常に「聞かれていること」に立ち返り、それに最大限に答えるにはどうすれば良いかを考えます。

以上の材料を、文章としてまとめてみます。

問　あなたは周りからどのような人だと評価されているか、述べてください。

解答例1　私は周りの人から、面倒見が良い人だと評価されている。新人や後輩に対して、仕事を教えたり、助言をしたりしているからである。以前、職場に三人の新人が配属されたときは、私が業務マニュアルを作成し、仕事のやり方を指導した。また、業務で困ったときには相談するように伝え、新人の不安を軽減するようにした。こうした行動により、上司からは「新人の面倒をよく見てくれているね」と言っていただけた。さらに、他部署の社員に対しても、取引先との人間関係の構築の仕方など、自分が助言できることはなるべく伝えるようにしており、面倒見の良さを活かしている。

表現の工夫を加えて印象づける

これでも良いのですが、最後に表現上の工夫を加えたいところです。

単に、

・新人や後輩に対して、仕事を教えたり、助言をしたりしているからである

と書くより、

・新人や後輩に対して、積極的に仕事を教えたり、助言をしたりしているからであると書いた方が、面倒見の良さが引き立ちます。また、

・私が業務マニュアルを作成し、仕事のやり方を指導した

よりも、

・私が業務マニュアルを作成し、連日付きっきりで仕事のやり方を指導した

傍線部のような事実があった場合、それを強調する書き方をした方が、「それは面倒見がいいな」という印象になるはずです。そういう工夫を加えます。

問　あなたは周りからどのような人だと評価されているか、述べてください。

解答例2　私は周りの人から、面倒見が良い人だと評価されている。新人や後輩に対して、積極的に仕事を教えたり、助言をしたりしているからである。以前、職場に三人の新人が配属されたときは、私が業務マニュアルを作成し、連日付きっきりで仕事のやり方を指導した。また、業務で困ったときにはいつでも相談するように伝え、少しでも新人の不安を軽減するようにした。こうした行動により、上司からは「新人の面倒をよく見てくれているね」と言っていただけた。さらに、他部署の社員に対しても、取引先と

の人間関係の構築の仕方など、自分が助言できることはなるべく伝えるようにしており、面倒見の良さを活かしている。

これで、面倒見の良さが伝わる文章となりました。嘘にならない範囲で、最大限強調して、読み手に良い印象を与えるようにします。

文章を短くするテクニックを知る

エントリーシートや履歴書は、記入欄が少ない場合もあります。もしこの文章を、200字程度でまとめなければならないとしたら、どうすれば良いでしょうか。短くするテクニックも知っておきましょう。

文章を短くするときは、ある部分を一気に切ってしまう方法と、全体を少しずつ短くする方法の二つがあります。

ある部分を一気に切ってしまうやり方をとるのであれば、最後の一文、

「さらに、他部署の社員に対しても、取引先との人間関係の構築の仕方など、自分が助言できることはなるべく伝えるようにしており、面倒見の良さを活かしている」

を切ってしまいましょう。その前の時点で、面倒見の良さを示す具体例は書いてありますので、この一文は、なくても意味は通ります。

200字程度の短縮例1

私は周りの人から、面倒見が良い人だと評価されている。新人や後輩に対して、積極的に仕事を教えたり、助言をしたりしているからである。以前、職場に三人の新人が配属されたときは、私が業務マニュアルを作成し、連日付きっきりで仕事のやり方を指導した。また、業務で困ったときにはいつでも相談するように伝え、少しでも新人の不安を軽減するようにした。こうした行動により、上司からは「新人の面倒をよく見てくれているね」と言っていただけた。

これでも文章として成立します。

一方で、今回カットした、他の部署の人に対しても面倒見が良いことをアピールしたい、という考え方もあるでしょう。その場合は、全体の枠組みは変えずに、なくても意味が通るところを少しずつ短くしていくというやり方をとります。

例えば、

「私は周りの人から、面倒見が良い人だと評価されている」は、

「私は周りの人から、面倒見が良い人だと評価されている」

で意味が通ります。

また、

「積極的に仕事を教えたり、助言をしたりしているからである」については、話を絞って、

「積極的に仕事を教えているからである」

これで意味が通ります。このように、少しずつ短くしていくのです。この考え方で、初めの文を200字程度に短縮してみましょう。

200字程度の短縮例2

私は、面倒見が良い人だと評価されている。後輩に積極的に仕事を教えているからである。新人が配属されたときは、私が業務マニュアルを作成し、連日付きっきりで指導した。困ったときにはいつでも相談するように伝え、新人の不安を軽減した。こうした

行動により、上司からは「あなたは後輩の面倒見が良い」と言ってもらえた。また、他部署の社員にも、取引先との人間関係の構築の仕方など、自分が助言できることは伝えている。

こちらの文例では、細部を吟味し、全体的に少しずつ短くしています。書き込んだ要素は減らしていないので、言いたいことは全部伝えられています。一部分を一気に切ってしまう方法と、少しずつ全体を短くする方法、そのときの考え方次第でどちらをとってもかまいません。大幅に字数を減らす必要があるときは、両方の合わせ技で短くしても良いでしょう。

キーワードの意味をよく考えて書く

第二問
インバウンド需要が盛り上がる中、訪日客に安心して旅行を楽しんでもらうために、○○市役所としてどう取り組んでいくべきか、考えを述べなさい。（1000字程度）

公務員試験などでありそうな出題です。まず、出題を読み解きます。ここで聞かれていることは、

・インバウンド需要が盛り上がる中、訪日客に安心して旅行を楽しんでもらうために、○○市役所としてどう取り組んでいくべきか

という一点だけです。注意すべきキーワードとして、「安心して」という言葉が入っています。単に「旅行を楽しんでもらう」ではなく、「安心して旅行を楽しんでもらう」ですから、何か不安やトラブルを解消するような方策を書かなければいけません。また、「○○市役所として」という聞き方にも注意します。つまり、民間がやることではなく、「市としてやるべきこと」を書くということです。

答案の構成の立て方ですが、「取り組み」を書く出題で、聞かれていることが一つの場合、いきなり取り組みから書き始めるとやや唐突になります。そこで、「そのことに取り組むことの意義や、問題の背景」について触れてから、本題に入るようにします。1000字程度の文章ですから、まとめの段落を別途つけると良いでしょう。答案の構

成を、以下のようにしてみます。

＊訪日客に安心して旅行を楽しんでもらう取り組みの意義や、問題の背景は

問：訪日客に安心して旅行を楽しんでもらうために、○○市役所としてどう取り組んでいくべきか

・全体のまとめ

全体の方向性が決まったら、枠内に材料を書き込んでいきます。一つ目の枠は次のよ

うにしてみます。

＊訪日客に安心して旅行を楽しんでもらう取り組みの意義や、問題の背景は
主張＝訪日客に安心して旅行を楽しんでもらうための取り組みを進めることは重要
理由＝訪日客は急増し、至る所で見かけるが、受け入れ体制が十分に整っていないため
具体例＝外国人が情報を手に入れにくい、災害時対応が不十分など

どういう順番で書いたら良いかを考える

二つ目の枠には、取り組みをカテゴリー分けして書いていきますが、第四講で見たように、順番に注意します。例えば、以下のような三つの取り組みを書くとして、どのような順番にしたら良いでしょうか。

・多言語による案内を充実させる（例：観光案内所に外国語対応のできるスタッフを配置する、市中の標識、案内板なども多言語表記にする）

・災害時の外国人向け情報提供を強化する（例：大きな災害が起きた際に、市がＳＮＳを通じて被害の状況や避難所の情報などを多言語で流す体制を整える）
・フリー Wi-Fi スポットを増やす（例：市内の主な観光地にフリー Wi-Fi スポットを設置する）

「災害時対応は人命に関わることだから、最優先で書く」、という考え方もできます。一方で、「災害時対応は万一に備えての話で活用頻度は低い。多言語による案内やフリー Wi-Fi スポットは導入すれば即座に役立つので、こちらを優先して書いた方が良い」、という考え方もあるでしょう。すぐに役立つという点を重視すれば、多言語による案内やフリー Wi-Fi スポットの話を先に書いた方が良さそうです。これらが充実すれば、初めての土地でも、情報が取れますし、安心して旅行をすることができます。

以上の考え方の元に、「主張」「理由」「具体例」の三要素で、残りの空欄の材料を書き出してみましょう。

問：訪日客に安心して旅行を楽しんでもらうために、○○市役所としてどう取り組

んでいくべきか

主張1＝多言語による案内を充実させる

理由＝市内の観光案内所には、外国人向けの窓口がない。また、市内の標識、案内板などを見ると、多くは日本語表記のみである

取り組みの具体例＝観光案内所に外国語対応のできるスタッフを配置する。市中の標識、案内板なども多言語表記に切り替えていく。英語、中国語、韓国語などで表記

主張2＝フリー Wi-Fi スポットを増やす

理由＝旅行者は、インターネットで情報を収集している。また、スマートフォンの通訳ソフトが使えると、心強いから

取り組みの具体例＝市が主導して、市内の観光地にフリー Wi-Fi スポットを設置する。鉄道の駅やバスの待合所は、民間の事業者の管轄となるが、費用の一部を市が助成する制度を設ける

主張3＝災害時の外国人向け情報提供を強化する
理由＝日本は自然災害の多い国であり、外国人も含めた、きめ細かな情報提供が必要
取り組みの具体例＝大きな災害が起きた際に、市がSNSを通じて被害の状況や避難所の情報などを多言語で流す体制を整えておく。災害時に外国人向けの情報を流しているサイトがあることを知らせるポスターを掲示する

・全体のまとめ
主張＝インバウンド需要は、本市に大きな経済効果をもたらす。以上のことに取り組み、外国人が安心して旅行できる街を実現すべきである

材料がしっかりと集まりました。評価の高い答案にするには、「取り組みの具体例」のところで、読んだ人が即座にイメージできるような例を出せるかがポイントになります。自分で材料出しをするときには、「これで読んでいる人の頭に状況がはっきり浮か

ぶか」ということを意識してください。

また、先に述べたように、この答案では、「市としてやるべきこと」を書かなければなりません。その点に注意します。なお、傍線部のように、民間のやることであっても、「市が助成する制度を設ける」ということを書き込んでいれば、「市がやること」に含まれます。

ここまで材料が出たら、文章としてまとめます。

問　インバウンド需要が盛り上がる中、訪日客に安心して旅行を楽しんでもらうために、○○市役所としてどう取り組んでいくべきか、考えを述べなさい。（1000字程度）

解答例　近年、外国人観光客が急増しており、本市でも至る所でその姿を見かけるようになった。街が賑わうようになったのは経済的効果の面からも喜ばしいが、一方で、受け入れ体制が十分に整っていないことから、外国人が情報を手に入れにくい、災害時対応が不十分といった問題がある。これらを解消し、安心して旅行を楽しんでもらえるようにすることは重要である。今後、本市として、以下のことに取り組んでいくべきである。

一つ目として、多言語による案内の充実である。市内の観光案内所には、外国人向けの窓口がない。また、市内の標識、案内板などを見ると、多くは日本語表記のみである。実際に、道に迷っている外国人を見かけることもあり、多言語対応を充実させることが求められる。具体的には、観光案内所に外国語対応のできるスタッフを配置すべきである。また、市中の標識、案内板なども多言語表記に切り替えていく必要がある。英語表記はもちろんであるが、アジアの国からの観光客が増えているため、中国語、韓国語なども併記すると良い。

二つ目に、フリー Wi-Fi スポットを増やすことである。旅行者の多くは、インターネットで情報を収集している。また、スマートフォンに入っている通訳ソフトが使えると、旅行者にとっては心強い。そのためには、インターネットに接続できる環境が必要だが、本市では、フリー Wi-Fi スポットが少ない。そこで、市が主導して、市内の観光地にフリー Wi-Fi スポットの増設を進めていくべきである。一方、鉄道の駅やバスの待合所などに設置する場合は、民間の事業者の管轄となるが、その場合の費用の一部を市が助成する制度を設けると普及が加速する。これにより、旅行客は旅先でも安心して情報を収集することができる。

三つ目に、災害時の外国人向け情報提供を強化することである。地震、豪雨、噴火など日本は災害の多い国であり、災害時には外国人も含めた、きめ細かな情報提供を行うことが求められる。そこで、大きな災害が起きた際に、市がSNSを通じて被害の状況や避難所の情報などを多言語で流す体制を整えておく。また、駅やホテルに、災害時に外国人向けの情報を流しているサイトがあることを知らせるポスターを配布して貼ってもらい、周知に努めるべきである。

インバウンド需要は、本市に大きな経済効果をもたらしており、今後も一層の外国人観光客誘致が求められる。本市として以上のことに取り組み、安心して旅行を楽しんでもらえる街を実現すべきである。

第四講で見たように、取り組みを書くときには、文末で「……すべきだ」のような表現が続いて、単調になりがちです。一度も重複なしにすることは難しいでしょうが、解答例の傍線部のように、なるべく変化をつけるようにします。

なお、答案の第一段落は、下書きで書いた、「主張」「理由」「具体例」の順番が異なっています。答案にまとめるときは、必ず「主張」「理由」「具体例」の順番で書かなければならないというわけではありません。自然な日本語になるように、順番を入れ替えても構いません。

複雑な出題を十分に解きほぐす

第三問
終身雇用制度がもたらす功罪について、雇用者、被雇用者の両面から指摘したうえで、近年の日本企業の経営環境を踏まえ、どのような雇用制度が望ましいか、考えを述べなさい。（1000字程度）

大学入試などでありそうな出題です。かなり複雑になっていますので、十分に解きほぐしてから答案を書く必要があります。今回聞かれていることを整理すると、以下のようになります。

・終身雇用制度がもたらす功罪について、雇用者、被雇用者の両面から指摘する
・近年の日本企業の経営環境を踏まえ、どのような雇用制度が望ましいか、考えを述べ

る

大きく分ければこの二つに答えることが目的になります。ただし、一つ目の問いかけで注意しなければいけないのは、「功罪について」の部分です。「功」と「罪」は正反対の概念です。従って、

・終身雇用制度がもたらす功について
・終身雇用制度がもたらす罪について

というように、別々に考えなければいけません。さらに「雇用者、被雇用者の両面から指摘する」という指示もあります。これも、「雇用者の面」と「被雇用者の面」では、別の話になりますから二つに分けて考えなければいけません。従って、今回の問いかけを正確に整理すれば、以下のようになります。

・終身雇用制度がもたらす功について、雇用者の面から指摘する…1

・終身雇用制度がもたらす功について、被雇用者の面から指摘する…2
・終身雇用制度がもたらす罪について、雇用者の面から指摘する…3
・終身雇用制度がもたらす罪について、被雇用者の面から指摘する…4
・近年の日本企業の経営環境を踏まえ、どのような雇用制度が望ましいか、考えを述べる…5

以上の1から5まですべてを答えることになります。このような出題の構造に気づくことがまずは大事です。

次に、字数のバランスはどうすべきでしょうか。小論文で一番大事なのは、自分自身の意見、提案等を述べるところですから、5に最大の字数を配分すべきです。1～4まではすべて同等なので、同じくらいの字数配分とします。そうすると、次のような配分が良いでしょう。

問：終身雇用制度がもたらす功について、雇用者の面から指摘する

問：終身雇用制度がもたらす功について、被雇用者の面から指摘する

問：終身雇用制度がもたらす罪について、雇用者の面から指摘する

問：終身雇用制度がもたらす罪について、被雇用者の面から指摘する

問：近年の日本企業の経営環境を踏まえ、どのような雇用制度が望ましいか、考えを述べる

・全体のまとめ

全体のまとめは、字数的に厳しければなしにしても良いでしょう。これをもとに材料を出してみます。まず、はじめから四つ目までを書き込みます。四つの項目は、字数の配分から言っても、要点だけを簡単にとりまとめないといけません。従って、主張を基本に、傍線部のような分かりにくい部分のみ、簡単な理由や具体例を添えておきます。

問：終身雇用制度がもたらす功について、雇用者の面から指摘する
主張＝従業員の企業への忠誠心が高まる、長期的な視点で育成できる
その理由＝簡単に他社に移ることがないため

問：終身雇用制度がもたらす功について、被雇用者の面から指摘する
主張＝景気の変動などにより職を失う心配がない、長期的な生活設計を立てやすい

その具体例＝子どもの教育費や住宅ローンなど

問：終身雇用制度がもたらす罪について、雇用者の面から指摘する
主張＝業績が悪化した際に人件費が重荷となる。従業員が現状に満足し、積極性を失う

問：終身雇用制度がもたらす罪について、被雇用者の面から指摘する
主張＝希望しない異動、配置転換も受け入れざるを得ない。自分の希望と業務との間にミスマッチがおきても、転職により心機一転を図るのが難しい

このあとは、残りの空欄に書き込んでいきます。終身雇用制度を維持する立場、新しい雇用制度を提言する立場、どちらから書いても構いません。ここでは、新しい雇用制度を提言する立場から書いてみます。

例えば、次のような主張です。

・主張＝終身雇用制度よりも柔軟な、一定期間ごとに契約を更新する仕組みが望ましい。大胆に人材を入れ替えて、新しく成長する分野に経営資源を投入すべき

これが、全体の主張であったとしましょう。ここで注意したいのは、問いかけに、「近年の日本企業の経営環境を踏まえ」とある点です。ですから、「近年の日本企業の経営環境」と関係づけて書いていかなければいけません。

> 問：近年の日本企業の経営環境を踏まえ、どのような雇用制度が望ましいか、考えを述べる
>
> **主張**＝一定期間ごとに、契約更新を繰り返す仕組みが望ましい。人材を入れ替えて、新しく成長する分野に経営資源を投入すべき
>
> **理由**＝市場環境の変化、技術の進歩が著しく、終身雇用では対応ができなくなっているから

傍線の部分が、「近年の日本企業の経営環境」と関わる部分です。この中の「市場環境の変化、技術の進歩が著しく」が具体的に書けていないので、ここをもっと具体化してみましょう。

問：近年の日本企業の経営環境を踏まえ、どのような雇用制度が望ましいか、考えを述べる
主張＝一定期間ごとに、契約更新を繰り返す仕組みが望ましい。人材を入れ替えて、新しく成長する分野に経営資源を投入すべき
理由＝市場環境の変化、技術の進歩が著しく、終身雇用では対応ができなくなっているから
具体例＝自動車業界では、エンジンからモーターへと動力源の大きな変化が起きている。また、AIによって、業務が大幅に省力化される

賛否が分かれるテーマでは「反論に対しての主張」を用意する

そして、このような賛否が分かれるテーマでは、当然のことながら、「その考え方は

おかしいのではないか」という、反対の意見が出ることが予想されます。それに対して、あらかじめ、手を打っておくことが必要になります。そこで、「反論に対しての主張」を入れておきます。

例えば、「年単位の契約にするのではなく5年程度の契約にする」「失業時の手当や、職業訓練の内容を今よりも大幅に手厚くする」といった提案をしておけば、ある程度反対意見も抑えることができます。

問：近年の日本企業の経営環境を踏まえ、どのような雇用制度が望ましいか、考えを述べる

主張＝一定期間ごとに、契約更新を繰り返す仕組みが望ましい。人材を入れ替えて、新しく成長する分野に経営資源を投入すべき

理由＝市場環境の変化、技術の進歩が著しく、終身雇用では対応ができなくなっているから

具体例＝自動車業界では、エンジンからモーターへと動力源の大きな変化が起きている。また、ＡＩによって、業務が大幅に省力化される

反論に対しての主張＝一気に転換すれば大混乱を引き起こすので、緩和策を設ける
具体例＝5年程度の中期の雇用契約制度を取り入れる
・失業時の手当や、職業訓練の内容を今よりも大幅に手厚くする

・全体のまとめ
主張＝今の時代にふさわしい、新しい雇用制度が求められている

これで材料はそろいました。下書きを元に答案を書いてみましょう。

問　終身雇用制度がもたらす功罪について、雇用者、被雇用者の両面から指摘したうえで、近年の日本企業の経営環境を踏まえ、どのような雇用制度が望ましいか、考えを述べなさい。（1000字程度）

解答例　終身雇用制度の「功」を、雇用者側から見ると、従業員の企業への忠誠心が高

まること、簡単に他社に移ることがないため長期的な視点で育成できること、などが挙げられる。一方、被雇用者側から見た「功」は、景気の変動などがあっても職を失う心配がないこと、それにより、子どもの教育費や住宅ローンなど、長期的な生活設計を立てやすいことが挙げられる。

次に、終身雇用制度の「罪」を、雇用者側から見ると、解雇が難しいため業績が悪化した際に人件費が重荷となってしまうこと、さらに、従業員が現状に満足し、積極性を失ってしまうことが指摘できる。一方、被雇用者側から見た「罪」は、定年まで所属することが前提になるため、希望しない異動、配置転換も受け入れざるを得ないこと、自分の希望と業務との間にミスマッチがおきても、転職により心機一転を図るのが難しいことが挙げられる。

これからの雇用制度は、終身雇用制度よりも柔軟な、一定期間ごとに契約を更新する仕組みが望ましい。なぜなら、近年の経営環境の傾向として、市場環境の変化、技術の進歩が著しく、終身雇用では対応ができないからである。例えば自動車業界では、エンジンからモーターへと動力源の大きな変化が起きている。他の業界でも、ＡＩによって、経理や窓口対応などの業務が大幅に省力化されることが予想される。このような時代にあっては、大胆に人材を入れ替えて、新しく成長する分野に投資をしていかなければ、企業として生き残れない。終身雇用制度は国内の人材配置を硬直化させており、国際競争に対応できなくなっている。

ただし、長年日本で続いてきた制度であり、一気に転換すれば大混乱を引き起こす。緩和策が必要である。具体的には、単年度の契約にするのではなく、5年程度の中期の雇用契約制度を取り入れることが望ましい。このくらいの契約期間であれば、労使ともにメリットを享受しながら仕事を進めることができる。また、行政側の施策として、失業時の手当や、職業訓練の内容を今よりも大幅に手厚くすることが必要である。再チャレンジが今よりもしやすい社会にすることが不可欠となる。

終身雇用制度には良い面もあったが、時代の変化に対応できなくなっている。今の時代にふさわしい、新しい雇用制度が求められている。

一つ一つ段階を踏んで、出題にきっちりと答えた答案が仕上がりました。一連の作業は、初めは時間がかかるでしょうが、慣れてくれば短時間でできるようになります。

もちろん、終身雇用制度を維持する立場から書くこともできます。その場合、五つ目の枠以降を書き換えることになります。初めに、「終身雇用制度を維持すべきである」という主張を立てた上で、「終身雇用制度は国民の生活に根付いており、それを前提に人生設計が組まれている」といった「理由」で補強しながら書いていきます。答案練習の時は、賛成・反対、両方の立場から答案を書いてみるのもよいでしょう。思考力が鍛えられます。

問が分かれている出題はそのまま活用する

第四問
次の問に答えてください。
(1) あなたのこの1年間の業務活動を総括しなさい。
(2) (1)を踏まえて、来年度、業務に於いてどのようなことに取り組んでいきたいと考えるか、主任としての役割を考慮しながら述べなさい。

昇進試験にありそうな出題です。学生の方は、「業務」を「クラブ・サークル」に、「主任」を、「上級生」などに置き換えて考えると、良い練習問題になるでしょう。

この出題の場合、問が（1）と（2）に分かれています。あらかじめ問いかけを整理してくれているわけで、親切な出題といえます。これをそのまま活用します。なお、このような整理をせず、

問　あなたのこの1年間の業務活動を総括し、それを踏まえて、来年度、業務に於いてどのようなことに取り組んでいきたいと考えるか、主任としての役割を考慮しながら述べなさい。

というように一つの出題になっていることもあります。その場合は、自分で、問題文を分解して、整理してください。

（1）（2）の字数配分としては、当然「これから何をするのか」の方が大事ですから、（2）の方を厚めにします。（2）に、6割は割きたいところです。

では、（1）について考えてみましょう。

問　あなたのこの1年間の業務活動を総括しなさい

これについて答えるわけですが、「総括」とは、これまでのことを振り返ってとりまとめることです。誰しも良かった点、悪かった点があると思います。「総括」ですから、両方を書くのが良いでしょう。分量としては半々で良いのですが、自分をアピールするための書類ですから、「良かった点」がやや多めになってもかまいません。「悪かった点」が多めになることは避けるようにします。

ここでは、自動車販売の法人営業をしているという想定で書いてみます。

> 問　あなたのこの1年間の業務活動を総括しなさい
>
> 主張（良かった点）＝前年比130％の目標を達成できた
>
> 理由＝既存の顧客の訪問を強化し、購買につなげたから
>
> 具体的な行動＝大規模な事業所を定期的に訪問した。創立記念日などにメッセージカードや記念品を送付し、良好な関係を築いた。上位車種への買い換え、2台目、3台目購入の需要をつかんだ

主張（悪かった点）＝新規顧客の獲得は手薄で、10件程度
理由＝既存の得意先回りに注力し、新規顧客への対策が後手に回った
具体的な問題＝既存顧客に依存すると、業績拡大に限界がくる

このような形で整理しておきます。

次に、（2）について考えてみます。

問（1）を踏まえて、来年度、業務に於いてどのようなことに取り組んでいきたいと考えるか、主任としての役割を考慮しながら述べる

そのまま抜き出せばこのようになるのですが、この問いかけはやや複雑になっているので、よく考えるようにします。

まず、「（1）を踏まえて」という言葉が冒頭にきています。ということは（1）に書いたことを念頭に置きながら、（2）を書かなければいけません。（1）と無関係に、来

年度取り組んでいきたいことを書いてはいけないということです。そうすると、（1）で書いた「『良かった点』をさらにこのように伸ばしていく」という話を書くか、あるいは「『悪かった点』の反省のもと、このように改善する」という話を書くか、あるいは、その両方を書く、ということになるでしょう。今回の答案では、「『悪かった点』の反省のもと、このように改善する」という話を書くことにします。

そして、この問いかけでもう一つ注意すべき点は、「主任としての役割を考慮しながら述べる」という点です。つまり、「私は一社員としてこういうことをする」というだけでなく、「主任としてこういう役割を果たす」という要素も入れなければいけないということです。「主任」というのは現場のリーダー格ですから、チーム全体の動きをみて、後輩に指示を出したり、チームをまとめたりといったことをしなければいけません。そういう話を書き込まなければいけない、ということです。本書ですでに何度も述べていることですが、このように、出題の細部まで注意を払い、問いかけに対して、正確に答えていくことを心がけます。

そのために、問題文に自分でメモをするなどして、注意を払います。

←（1）に書いたことを念頭に置きながら
問（1）を踏まえて、来年度、業務に於いてどのようなことに取り組んでいきたいと考えるか、主任としての役割を考慮しながら述べる
→現場のリーダー格としてやるべきことを含める

ここまで分かったら、材料を集めてみます。

問（1）を踏まえて、来年度、業務に於いてどのようなことに取り組んでいきたいと考えるか、主任としての役割を考慮しながら述べる
○以下の取り組みを行う
主張1＝接点のない事業所に対し、ダイレクトメールを発送する
理由＝これまでの営業経験から、当販売店の認知度は必ずしも高くないから
具体的な方策＝主任として部署内でチームを編成し、当販売店と接点のない事業所の洗い出しを行い、ダイレクトメールを送付する。担当する販売員の顔写真入りの

メッセージを同封し、親近感をもってもらう

主張2＝規模の大きな事業所や買い換え時期を迎えている事業所に対し訪問活動を行う

理由＝ダイレクトメールに加え、さらなる後押しが必要だから

具体的な方策＝担当者を割り振って、ローラー作戦で進める

・活動中は毎週ミーティングを開催し、情報を全員で共有する。アプローチ法について、営業スタッフ同士で意見を出し合っていく

・経験が少ない若手に対しては、私が営業活動に同行して助言する

取り組みとしてはかなり具体的に書けています。傍線部で、主任としての役割も盛り込めています。

これで材料は出せています。なお、冒頭部分については、全体として何をやるのか方向性を示し、なおかつ、「主任」としての役割も強調してから、具体的な取り組みに入ると分かりやすいでしょう。そこで、冒頭には、「全体の主張」として、次のような要

素を加えてみます。

問（1）を踏まえて、来年度、業務に於いてどのようなことに取り組んでいきたいと考えるか、主任としての役割を考慮しながら述べる

全体の主張＝新年度から、新規顧客の開拓に力を入れる。主任として、後輩・若手の成績底上げも意識して取り組む

これで、（2）に書くこととの方向性がはっきり見えるようになりました。最後に全体のまとめの段落を加えておきます。あらためて、主任としての強い意志を示しておくとよいでしょう。

全体のまとめ
主張＝以上の取り組みにより、個人目標として新規顧客への販売を倍増させる。後輩・若手の販売額も伸ばし、販売店全体の成績向上に貢献したい

「倍増させる」のような明確な目標があると、採点者にアピールすることができます。できれば書き込んでおきましょう。

では、ここまで集めた材料を元に答案を書いてみます。

問

次の問に答えてください。

（1）あなたのこの1年間の業務活動を総括しなさい。

（2）（1）を踏まえて、来年度、業務に於いてどのようなことに取り組んでいきたいと考えるか、主任としての役割を考慮しながら述べなさい。

解答例

（1）

私はこの1年間、自らの業務に邁進してきたが、その活動を以下のように総括している。

まず、営業成績において前年比130％の目標を達成することができた。これは、既存の顧客への訪問営業を強化して、買い換えの需要を確実にキャッチし、購買につなげることができた結果である。特に、大規模な事業所を定期的に訪問したほか、創立記念日などにはお祝いのメッセージカードや記念品を送るなど、良好な関係を築いてきたことが功を奏した。これにより、上位車種への買い換え、2台目、3台目の需要をつかむことができ、好成績を達成することができた。

一方で、新規顧客の獲得については、手薄であったことが否めない。過去1年間における新規顧客の獲得は10件程度にとどまっている。既存の得意先回りに注力した結果、新規顧客への対策が後手に回ったことが要因である。私だけでなく当販売店全体にいえることであるが、既存顧客に依存した営業スタイルになっている。このやり方を続けていくと、業績拡大に限界がくる。

(2)

以上を踏まえ、私は新年度から、新規顧客の開拓に力を入れていきたい。また、昇進後は主任となることから、自分自身の成績を上げるだけでなく、後輩・若手の成績底上げも意識して、チームを主導することが私の役割となる。具体的には、以下のことに取り組んでいきたい。

まず、当販売店と接点のない事業所に対し、ダイレクトメールを発送する。これまでの新規客への営業経験から、地域における当販売店の認知度は必ずしも高くないと感じている。認知度を上げることが課題である。そこで、主任として部署内でチームを編成し、当販売店と接点のない事業所の洗い出しの作業を行う。得られた情報をもとにダイレクトメールを送付する。その際、担当する販売員の顔写真入りのメッセージを同封し、親近感をもってもらう。

ダイレクトメール送付後、規模の大きな事業所や買い換え時期を迎えている事業所に対して直接の訪問活動を行っていく。ダイレクトメールに加え、さらなる後押しが必要だからである。訪問活動は、担当者を割り振って、ローラー作戦で進めていく。活動中は毎週ミーティングを開催し、訪問先がどのような反応であったかなど、情報を全員で共有する。購買へむけてどうアプローチすれば良いか、営業スタッフ同士で意見を出し合っていく。また、新規顧客開拓の経験が少ない若手に対しては、私が営業活動に同行して、どのような点に注意すべきかを助言する。主任として、若手の育成も意識して取り組んでいきたい。

以上の取り組みにより、新年度は、私個人の目標として新規顧客への販売を倍増させるとともに、後輩・若手の販売額も伸ばし、販売店全体の成績向上に貢献したい。

今回のように、問が（1）（2）と分かれている場合は、解答の方も、（1）（2）と番号を打って書くと良いでしょう。

解答は、出題で問いかけられたことに一つ一つ正確に答えられていますし、内容がすぐに頭に浮かぶような具体的な書き方ができています。主任としての役割もしっかり意識した答案になりました。

以上、文章を書くときの手順、注意すべきことを、具体的な例に基づきながら解説してきました。本書で述べたことはあらゆる実用文を書くときに活用できます。受験対策や日常の業務などで活かしてもらえれば幸いです。

おわりに

私が文章指導専門塾を創業して、今年でちょうど10年になります。これまでを振り返って、文章指導とは、誰かの人生を応援することそのものである、と感じています。

小学校の先生になる夢をかなえるため、40歳を過ぎて採用試験にチャレンジする人。

なかなか昇進試験に合格できず、このまま会社人生を終わらせたくないと、相談にやってきた人。

自分の人生に悔いを残さないために大学を受験したい、という70代の人。

このような人生を左右する大事な場面で、文章指導を依頼されることが数限りなくあります。たかが文章、されど文章なのです。

ＡＩが進歩し、定型的な文章作成であれば、ＡＩに任せた方が効率的だと言われます。しかし、試験の会場で文章を書くのは、自分自身です。他の誰にも代わってもらうことはできません。また、エントリーシートのように、事前に文章を作成する場合であっても、自分がどのような人間で、どのような経験をしてきたのか、それを知っているのは、自分自身です。ＡＩはそれに対しての答えを出すことはできません。

よりよい人生を送るために、文章力があることはとても大事な要素である、という点は、これからも変わらないでしょう。文章を書く必要に迫られたときには、是非とも本書を参考になさってください。

なお、ウェブ小論文塾では、大学入試、公務員・教員試験、昇進試験など、さまざまな試験を対象に、小論文等の指導を行なっています。関心のある方は左記のサイトをご覧ください。

ウェブ小論文塾　https://ronbun.net

令和六年六月　　　　　今道琢也

今道琢也　1999年京都大学文学部卒（国語国文学専修）、NHK入局。アナウンサーとして15年間勤務後独立し、文章指導専門塾「ウェブ小論文塾」を開講。『落とされない小論文』など著書多数。

Ⓢ新潮新書

1051

人生《じんせい》で大損《おおぞん》しない文章術《ぶんしょうじゅつ》

著者　今道琢也《いまみちたくや》

2024年7月20日　発行

発行者　佐藤隆信

発行所　株式会社 新潮社

〒162-8711　東京都新宿区矢来町71番地
編集部(03)3266-5430　読者係(03)3266-5111
https://www.shinchosha.co.jp
装幀　新潮社装幀室

印刷所　錦明印刷株式会社

製本所　錦明印刷株式会社

ISBN978-4-10-611051-1　C0270